Ϯ尺丹几乙し丹Ϯと
Translated Language Learning

The Communist Manifesto

Manifestul Communist

Karl Marx & Friedrich Engels

English / Română

Published by Tranzlaty
ISBN: 978-1-83566-572-5
Original text by Karl Marx and Friedrich Engels
The Communist Manifesto
First published in 1848
www.tranzlaty.com

Introduction
Introducere

A spectre is haunting Europe — the spectre of Communism
Un spectru bântuie Europa – spectrul comunismului
All the Powers of old Europe have entered into a holy alliance to exorcise this spectre
Toate puterile vechii Europe au intrat într-o alianţă sfântă pentru a exorciza acest spectru
Pope and Czar, Metternich and Guizot, French Radicals and German police-spies
Papa şi ţarul, Metternich şi Guizot, radicalii francezi şi poliţiştii-spioni germani
Where is the party in opposition that has not been decried as Communistic by its opponents in power?
Unde este partidul din opoziţie care nu a fost denunţat ca fiind comunist de către oponenţii săi de la putere?
Where is the Opposition that has not hurled back the branding reproach of Communism, against the more advanced opposition parties?
Unde este opoziţia care nu a aruncat înapoi reproşul comunismului împotriva partidelor de opoziţie mai avansate?
And where is the party that has not made the accusation against its reactionary adversaries?
Şi unde este partidul care nu a făcut acuzaţia împotriva adversarilor săi reacţionari?
Two things result from this fact
Două lucruri rezultă din acest fapt
I. Communism is already acknowledged by all European Powers to be itself a Power
I. Comunismul este deja recunoscut de toate puterile europene ca fiind el însuşi o putere
II. It is high time that Communists should openly, in the face of the whole world, publish their views, aims and tendencies

II. Este timpul ca comuniștii să-și publice în mod deschis, în fața întregii lumi, opiniile, scopurile și tendințele lor

they must meet this nursery tale of the Spectre of Communism with a Manifesto of the party itself

trebuie să întâmpine această poveste a spectrului comunismului cu un manifest al partidului însuși

To this end, Communists of various nationalities have assembled in London and sketched the following Manifesto

În acest scop, comuniști de diferite naționalități s-au adunat la Londra și au schițat următorul Manifest

this manifesto is to be published in the English, French, German, Italian, Flemish and Danish languages

acest manifest urmează să fie publicat în limbile engleză, franceză, germană, italiană, flamandă și daneză

And now it is to be published in all the languages that Tranzlaty offers

Și acum urmează să fie publicat în toate limbile pe care le oferă Tranzlaty

Bourgeois and the Proletarians
Burghezii și proletarii

The history of all hitherto existing societies is the history of class struggles
Istoria tuturor societăților existente până acum este istoria luptelor de clasă
Freeman and slave, patrician and plebeian, lord and serf, guild-master and journeyman
Om liber și sclav, patrician și plebeu, stăpân și iobag, stăpân de breaslă și calfă
in a word, oppressor and oppressed
într-un cuvânt, asupritor și asuprit
these social classes stood in constant opposition to one another
Aceste clase sociale stăteau în opoziție constantă una față de cealaltă
they carried on an uninterrupted fight. Now hidden, now open
au dus o luptă neîntreruptă. Acum ascuns, acum deschis
a fight that either ended in a revolutionary re-constitution of society at large
o luptă care s-a încheiat cu o reconstituire revoluționară a societății în general
or a fight that ended in the common ruin of the contending classes
sau o luptă care s-a încheiat cu ruina comună a claselor concurente
let us look back to the earlier epochs of history
Să ne uităm înapoi la epocile anterioare ale istoriei
we find almost everywhere a complicated arrangement of society into various orders
Găsim aproape pretutindeni o aranjare complicată a societății în diferite ordine
there has always been a manifold gradation of social rank
A existat întotdeauna o gradație multiplă a rangului social

In ancient Rome we have patricians, knights, plebeians, slaves

În Roma antică avem patricieni, cavaleri, plebei, sclavi

in the Middle Ages: feudal lords, vassals, guild-masters, journeymen, apprentices, serfs

în Evul Mediu: lorzi feudali, vasali, stăpâni de breaslă, calfe, ucenici, iobagi

in almost all of these classes, again, subordinate gradations

în aproape toate aceste clase, din nou, gradații subordonate

The modern Bourgeoisie society has sprouted from the ruins of feudal society

Societatea burgheză modernă a răsărit din ruinele societății feudale

but this new social order has not done away with class antagonisms

Dar această nouă ordine socială nu a eliminat antagonismele de clasă

It has but established new classes and new conditions of oppression

Ea nu a făcut decât să stabilească noi clase și noi condiții de opresiune

it has established new forms of struggle in place of the old ones

a stabilit noi forme de luptă în locul celor vechi

however, the epoch we find ourselves in possesses one distinctive feature

Cu toate acestea, epoca în care ne aflăm posedă o trăsătură distinctivă

the epoch of the Bourgeoisie has simplified the class antagonisms

epoca burgheziei a simplificat antagonismele de clasă

Society as a whole is more and more splitting up into two great hostile camps

Societatea în ansamblu se împarte din ce în ce mai mult în două mari tabere ostile

**two great social classes directly facing each other:
Bourgeoisie and Proletariat**
două mari clase sociale care se confruntă direct: burghezia și
proletariatul
**From the serfs of the Middle Ages sprang the chartered
burghers of the earliest towns**
Din iobagii Evului Mediu au apărut burghezii din primele
orașe
**From these burgesses the first elements of the Bourgeoisie
were developed**
Din acești burghezi s-au dezvoltat primele elemente ale
burgheziei
The discovery of America and the rounding of the Cape
Descoperirea Americii și ocolirea Capului
**these events opened up fresh ground for the rising
Bourgeoisie**
aceste evenimente au deschis un teren nou pentru burghezia
în ascensiune
**The East-Indian and Chinese markets, the colonisation of
America, trade with the colonies**
Piețele din India de Est și China, colonizarea Americii,
comerțul cu coloniile
**the increase in the means of exchange and in commodities
generally**
creșterea mijloacelor de schimb și a mărfurilor în general
**these events gave to commerce, navigation, and industry an
impulse never before known**
Aceste evenimente au dat comerțului, navigației și industriei
un impuls nemaicunoscut până acum
**it gave rapid development to the revolutionary element in
the tottering feudal society**
a dat o dezvoltare rapidă elementului revoluționar în
societatea feudală clătinată
**closed guilds had monopolised the feudal system of
industrial production**

breslele închise monopolizaseră sistemul feudal de producție industrială

but this no longer sufficed for the growing wants of the new markets

dar acest lucru nu mai era suficient pentru nevoile crescânde ale noilor piețe

The manufacturing system took the place of the feudal system of industry

Sistemul manufacturier a luat locul sistemului feudal al industriei

The guild-masters were pushed on one side by the manufacturing middle class

Stăpânii breslelor au fost împinși pe o parte de clasa de mijloc manufacturieră

division of labour between the different corporate guilds vanished

Diviziunea muncii între diferitele bresle corporative a dispărut

the division of labour penetrated each single workshop

diviziunea muncii a pătruns în fiecare atelier

Meantime, the markets kept ever growing, and the demand ever rising

Între timp, piețele au continuat să crească, iar cererea a crescut tot mai mult

Even factories no longer sufficed to meet the demands

Nici măcar fabricile nu mai erau suficiente pentru a satisface cererile

Thereupon, steam and machinery revolutionised industrial production

Astfel, aburul și utilajele au revoluționat producția industrială

The place of manufacture was taken by the giant, Modern Industry

Locul de fabricație a fost luat de gigantul Industriei Moderne

the place of the industrial middle class was taken by industrial millionaires

Locul clasei de mijloc industriale a fost luat de milionarii industriali

the place of leaders of whole industrial armies were taken by the modern Bourgeoisie

locul conducătorilor întregilor armate industriale a fost luat de burghezia modernă

the discovery of America paved the way for modern industry to establish the world market

descoperirea Americii a deschis calea pentru ca industria modernă să stabilească piața mondială

This market gave an immense development to commerce, navigation, and communication by land

Această piață a dat o dezvoltare imensă comerțului, navigației și comunicațiilor pe uscat

This development has, in its time, reacted on the extension of industry

Această evoluție a reacționat, la vremea sa, la extinderea industriei

it reacted in proportion to how industry extended, and how commerce, navigation and railways extended

a reacționat proporțional cu modul în care industria s-a extins și cum s-au extins comerțul, navigația și căile ferate

in the same proportion that the Bourgeoisie developed, they increased their capital

în aceeași proporție în care s-a dezvoltat burghezia, ei și-au mărit capitalul

and the Bourgeoisie pushed into the background every class handed down from the Middle Ages

iar burghezia a împins în plan secund fiecare clasă moștenită din Evul Mediu

therefore the modern Bourgeoisie is itself the product of a long course of development

prin urmare, burghezia modernă este ea însăși produsul unui lung curs de dezvoltare

we see it is a series of revolutions in the modes of production and of exchange

Vedem că este o serie de revoluții în modurile de producție și de schimb

Each developmental Bourgeoisie step was accompanied by a corresponding political advance

Fiecare pas de dezvoltare al burgheziei a fost însoțit de un avans politic corespunzător

An oppressed class under the sway of the feudal nobility

O clasă asuprită sub stăpânirea nobilimii feudale

an armed and self-governing association in the mediaeval commune

o asociație înarmată și autonomă în comuna medievală

here, an independent urban republic (as in Italy and Germany)

aici, o republică urbană independentă (ca în Italia și Germania)

there, a taxable "third estate" of the monarchy (as in France)

acolo, o "a treia stare" impozabilă a monarhiei (ca în Franța)

afterwards, in the period of manufacture proper

ulterior, în perioada de fabricație propriu-zisă

the Bourgeoisie served either the semi-feudal or the absolute monarchy

burghezia a servit fie monarhia semifeudală, fie monarhia absolută

or the Bourgeoisie acted as a counterpoise against the nobility

sau burghezia a acționat ca o contrapondere împotriva nobilimii

and, in fact, the Bourgeoisie was a corner-stone of the great monarchies in general

și, de fapt, burghezia a fost o piatră de temelie a marilor monarhii în general

but Modern Industry and the world-market established itself since then

dar industria modernă și piața mondială s-au impus de atunci

and the Bourgeoisie has conquered for itself exclusive political sway

iar burghezia a cucerit pentru ea stăpânire politică exclusivă

it achieved this political sway through the modern representative State

a obținut această influență politică prin statul reprezentativ modern

The executives of the modern State are but a management committee

Executivii statului modern nu sunt decât un comitet de conducere

and they manage the common affairs of the whole of the Bourgeoisie

și ei conduc afacerile comune ale întregii burghezii

The Bourgeoisie, historically, has played a most revolutionary part

Burghezia, din punct de vedere istoric, a jucat un rol revoluționar

wherever it got the upper hand, it put an end to all feudal, patriarchal, and idyllic relations

Oriunde a avut avantajul, a pus capăt tuturor relațiilor feudale, patriarhale și idilice

It has pitilessly torn asunder the motley feudal ties that bound man to his "natural superiors"

Ea a sfâșiat fără milă legăturile feudale pestrițe care îl legau pe om de "superiorii săi naturali"

and it has left remaining no nexus between man and man, other than naked self-interest

și nu a lăsat nici o legătură între om și om, în afară de interesul propriu

man's relations with one another have become nothing more than callous "cash payment"

Relațiile omului între ei nu au devenit altceva decât o "plată în numerar" insensibilă

It has drowned the most heavenly ecstasies of religious fervour

A înecat cele mai cerești extaze ale fervoarei religioase

it has drowned chivalrous enthusiasm and philistine sentimentalism

A înecat entuziasmul cavaleresc și sentimentalismul filistean
it has drowned these things in the icy water of egotistical calculation
a înecat aceste lucruri în apa înghețată a calculului egoist
It has resolved personal worth into exchangeable value
A rezolvat valoarea personală în valoare de schimb
it has replaced the numberless and indefeasible chartered freedoms
a înlocuit nenumăratele și indelebile libertăți statutare
and it has set up a single, unconscionable freedom; Free Trade
și a stabilit o singură libertate de neconceput; Comerț liber
In one word, it has done this for exploitation
Într-un cuvânt, a făcut acest lucru pentru exploatare
exploitation veiled by religious and political illusions
exploatare acoperită de iluzii religioase și politice
exploitation veiled by naked, shameless, direct, brutal exploitation
exploatare ascunsă de exploatare goală, nerușinată, directă, brutală
the Bourgeoisie has stripped the halo off every previously honoured and revered occupation
burghezia a dezbrăcat aureola de orice ocupație onorată și venerată anterior
the physician, the lawyer, the priest, the poet, and the man of science
medicul, avocatul, preotul, poetul și omul de știință
it has converted these distinguished workers into its paid wage labourers
i-a transformat pe acești muncitori distinși în muncitori salariați plătiți
The Bourgeoisie has torn the sentimental veil away from the family
Burghezia a rupt vălul sentimental de pe familie
and it has reduced the family relation to a mere money relation

și a redus relația de familie la o simplă relație de bani

the brutal display of vigour in the Middle Ages which Reactionists so much admire

manifestarea brutală de vigoare în Evul Mediu pe care reacționarii o admiră atât de mult

even this found its fitting complement in the most slothful indolence

chiar și aceasta și-a găsit complementul potrivit în cea mai leneșă indolență

The Bourgeoisie has disclosed how all this came to pass

Burghezia a dezvăluit cum s-au întâmplat toate acestea

The Bourgeoisie have been the first to show what man's activity can bring about

Burghezia a fost prima care a arătat ce poate aduce activitatea omului

It has accomplished wonders far surpassing Egyptian pyramids, Roman aqueducts, and Gothic cathedrals

A realizat minuni depășind cu mult piramidele egiptene, apeductele romane și catedralele gotice

and it has conducted expeditions that put in the shade all former Exoduses of nations and crusades

și a condus expediții care au pus în umbră toate fostele exoduri ale națiunilor și cruciade

The Bourgeoisie cannot exist without constantly revolutionising the instruments of production

Burghezia nu poate exista fără a revoluționa constant instrumentele de producție

and thereby it cannot exist without its relations to production

și, prin urmare, nu poate exista fără relațiile sale cu producția

and therefore it cannot exist without its relations to society

și, prin urmare, nu poate exista fără relațiile sale cu societatea

all earlier industrial classes had one condition in common

Toate clasele industriale anterioare aveau o condiție în comun

they relied on the conservation of the old modes of production

s-au bazat pe conservarea vechilor moduri de producție
but the Bourgeoisie brought with it a completely new dynamic
dar burghezia a adus cu ea o dinamică complet nouă
Constant revolutionizing of production and uninterrupted disturbance of all social conditions
Revoluționarea constantă a producției și perturbarea neîntreruptă a tuturor condițiilor sociale
this everlasting uncertainty and agitation distinguishes the Bourgeoisie epoch from all earlier ones
această incertitudine și agitație veșnică disting epoca burgheziei de toate cele anterioare
previous relations with production came with ancient and venerable prejudices and opinions
Relațiile anterioare cu producția au venit cu prejudecăți și opinii străvechi și venerabile
but all of these fixed, fast-frozen relations are swept away
dar toate aceste relații fixe și înghețate sunt măturate
all new-formed relations become antiquated before they can ossify
toate relațiile nou formate devin învechite înainte de a se putea osifica
All that is solid melts into air, and all that is holy is profaned
Tot ceea ce este solid se topește în aer și tot ce este sfânt este profanat
man is at last compelled to face with sober senses, his real conditions of life
Omul este în sfârșit obligat să înfrunte cu simțurile serioase, condițiile sale reale de viață
and he is compelled to face his relations with his kind
și este obligat să-și înfrunte relațiile cu neamul său
The Bourgeoisie constantly needs to expand its markets for its products
Burghezia are nevoie în mod constant să-și extindă piețele pentru produsele sale

and, because of this, the Bourgeoisie is chased over the whole surface of the globe

şi, din această cauză, burghezia este urmărită pe întreaga suprafaţă a globului

The Bourgeoisie must nestle everywhere, settle everywhere, establish connections everywhere

Burghezia trebuie să se cuibărească peste tot, să se stabilească peste tot, să stabilească legături peste tot

The Bourgeoisie must create markets in every corner of the world to exploit

Burghezia trebuie să creeze pieţe în fiecare colţ al lumii pentru a le exploata

the production and consumption in every country has been given a cosmopolitan character

Producţia şi consumul din fiecare ţară au primit un caracter cosmopolit

the chagrin of Reactionists is palpable, but it has carried on regardless

supărarea reacţionarilor este palpabilă, dar a continuat cu toate acestea.

The Bourgeoisie have drawn from under the feet of industry the national ground on which it stood

Burghezia a tras de sub picioarele industriei terenul naţional pe care stătea

all old-established national industries have been destroyed, or are daily being destroyed

toate industriile naţionale vechi au fost distruse sau sunt distruse zilnic

all old-established national industries are dislodged by new industries

Toate industriile naţionale vechi sunt dislocate de noi industrii

their introduction becomes a life and death question for all civilised nations

introducerea lor devine o întrebare de viaţă şi de moarte pentru toate naţiunile civilizate

they are dislodged by industries that no longer work up indigenous raw material

sunt dislocate de industrii care nu mai exploatează materie primă autohtonă

instead, these industries pull raw materials from the remotest zones

în schimb, aceste industrii extrag materii prime din zonele cele mai îndepărtate

industries whose products are consumed, not only at home, but in every quarter of the globe

industrii ale căror produse sunt consumate, nu numai acasă, ci în fiecare colţ al globului

In place of the old wants, satisfied by the productions of the country, we find new wants

În locul vechilor dorinţe, satisfăcute de producţiile ţării, găsim noi nevoi

these new wants require for their satisfaction the products of distant lands and climes

Aceste noi nevoi necesită pentru satisfacerea lor produse din ţări şi clime îndepărtate

In place of the old local and national seclusion and self-sufficiency, we have trade

În locul vechii izolări şi autosuficienţe locale şi naţionale, avem comerţ

international exchange in every direction; universal inter-dependence of nations

schimburi internaţionale în toate direcţiile; interdependenţa universală a naţiunilor

and just as we have dependency on materials, so we are dependent on intellectual production

Şi aşa cum depindem de materiale, tot aşa suntem dependenţi de producţia intelectuală

The intellectual creations of individual nations become common property

Creaţiile intelectuale ale naţiunilor individuale devin proprietate comună

National one-sidedness and narrow-mindedness become more and more impossible

Unilateralitatea naţională şi îngustimea mentală devin din ce în ce mai imposibile

and from the numerous national and local literatures, there arises a world literature

şi din numeroasele literaturi naţionale şi locale, se naşte o literatură mondială

by the rapid improvement of all instruments of production

prin îmbunătăţirea rapidă a tuturor instrumentelor de producţie

by the immensely facilitated means of communication

prin mijloacele de comunicare extrem de facilitate

The Bourgeoisie draws all (even the most barbarian nations) into civilisation

Burghezia atrage toate (chiar şi cele mai barbare naţiuni) în civilizaţie

The cheap prices of its commodities; the heavy artillery that batters down all Chinese walls

Preţurile ieftine ale mărfurilor sale; artileria grea care dărâmă toate zidurile chinezeşti

the barbarians' intensely obstinate hatred of foreigners is forced to capitulate

Ura intens încăpăţânată a barbarilor faţă de străini este forţată să capituleze

It compels all nations, on pain of extinction, to adopt the Bourgeoisie mode of production

Ea obligă toate naţiunile, sub pedeapsa dispariţiei, să adopte modul de producţie burghez

it compels them to introduce what it calls civilisation into their midst

îi obligă să introducă ceea ce numeşte civilizaţie în mijlocul lor

The Bourgeoisie force the barbarians to become Bourgeoisie themselves

Burghezia îi forţează pe barbari să devină ei înşişi burghezi

in a word, the Bourgeoisie creates a world after its own image

într-un cuvânt, burghezia creează o lume după propria imagine

The Bourgeoisie has subjected the countryside to the rule of the towns

Burghezia a supus mediul rural stăpânirii orașelor

It has created enormous cities and greatly increased the urban population

A creat orașe enorme și a crescut foarte mult populația urbană

it rescued a considerable part of the population from the idiocy of rural life

a salvat o parte considerabilă a populației de idioțenia vieții rurale

but it has made those in the the countryside dependent on the towns

dar i-a făcut pe cei de la țară dependenți de orașe

and likewise, it has made the barbarian countries dependent on the civilised ones

și, de asemenea, a făcut țările barbare dependente de cele civilizate

nations of peasants on nations of Bourgeoisie, the East on the West

națiuni de țărani pe națiuni de burghezie, de la est la vest

The Bourgeoisie does away with the scattered state of the population more and more

Burghezia elimină din ce în ce mai mult statul împrăștiat al populației

It has agglomerated production, and has concentrated property in a few hands

A aglomerat producția și a concentrat proprietatea în câteva mâini

The necessary consequence of this was political centralisation

Consecința necesară a acestui lucru a fost centralizarea politică

there had been independent nations and loosely connected provinces

au existat națiuni independente și provincii slab conectate

they had separate interests, laws, governments and systems of taxation

au avut interese, legi, guverne și sisteme de impozitare separate

but they have become lumped together into one nation, with one government

dar au fost grupate într-o singură națiune, cu un singur guvern

they now have one national class-interest, one frontier and one customs-tariff

acum au un interes de clasă național, o frontieră și un tarif vamal

and this national class-interest is unified under one code of law

și acest interes național de clasă este unificat sub un singur cod de legi

the Bourgeoisie has achieved much during its rule of scarce one hundred years

burghezia a realizat multe în timpul guvernării sale de abia o sută de ani

more massive and colossal productive forces than have all preceding generations together

forțe de producție mai masive și colosale decât toate generațiile anterioare împreună

Nature's forces are subjugated to the will of man and his machinery

Forțele naturii sunt subjugate voinței omului și mașinăriei sale

chemistry is applied to all forms of industry and types of agriculture

Chimia este aplicată tuturor formelor de industrie și tipurilor de agricultură

steam-navigation, railways, electric telegraphs, and the printing press

navigație cu aburi, căi ferate, telegrafe electrice și tiparniță
**clearing of whole continents for cultivation, canalisation of
rivers**
defrișarea continentelor întregi pentru cultivare, canalizarea
râurilor
**whole populations have been conjured out of the ground
and put to work**
populații întregi au fost scoase din pământ și puse la lucru
**what earlier century had even a presentiment of what could
be unleashed?**
Ce secol anterior a avut măcar o presimțire a ceea ce ar putea
fi dezlănțuit?
**who predicted that such productive forces slumbered in the
lap of social labour?**
Cine a prezis că astfel de forțe productive dorm în poala
muncii sociale?
**we see then that the means of production and of exchange
were generated in feudal society**
vedem atunci că mijloacele de producție și de schimb au fost
generate în societatea feudală
**the means of production on whose foundation the
Bourgeoisie built itself up**
mijloacele de producție pe temelia cărora s-a construit
burghezia
**At a certain stage in the development of these means of
production and of exchange**
La un anumit stadiu al dezvoltării acestor mijloace de
producție și de schimb
**the conditions under which feudal society produced and
exchanged**
condițiile în care societatea feudală a produs și a făcut schimb
**the feudal organisation of agriculture and manufacturing
industry**
Organizația feudală a agriculturii și industriei prelucrătoare
**the feudal relations of property were no longer compatible
with the material conditions**

relațiile feudale de proprietate nu mai erau compatibile cu condițiile materiale

They had to be burst asunder, so they were burst asunder

Au trebuit să fie sparte în bucăți, așa că au fost rupte în bucăți

Into their place stepped free competition from the productive forces

În locul lor a pășit concurența liberă din partea forțelor productive

and they were accompanied by a social and political constitution adapted to it

și au fost însoțite de o constituție socială și politică adaptată acesteia

and it was accompanied by the economical and political sway of the Bourgeoisie class

și a fost însoțit de influența economică și politică a clasei burgheze

A similar movement is going on before our own eyes

O mișcare similară se întâmplă sub ochii noștri

Modern Bourgeoisie society with its relations of production, and of exchange, and of property

Societatea burgheză modernă cu relațiile sale de producție, de schimb și de proprietate

a society that has conjured up such gigantic means of production and of exchange

o societate care a creat mijloace de producție și de schimb atât de gigantice

it is like the sorcerer who called up the powers of the nether world

Este ca vrăjitorul care a chemat puterile lumii inferioare

but he is no longer able to control what he has brought into the world

Dar nu mai este capabil să controleze ceea ce a adus în lume

For many a decade past history was tied together by a common thread

Timp de mai multe decenii, istoria trecută a fost legată de un fir comun

the history of industry and commerce has been but the history of revolts

istoria industriei și a comerțului nu a fost decât istoria revoltelor

the revolts of modern productive forces against modern conditions of production

revoltele forțelor de producție moderne împotriva condițiilor moderne de producție

the revolts of modern productive forces against property relations

revoltele forțelor de producție moderne împotriva relațiilor de proprietate

these property relations are the conditions for the existence of the Bourgeoisie

aceste relații de proprietate sunt condițiile existenței bugheziei

and the existence of the Bourgeoisie determines the rules for property relations

iar existența burgheziei determină regulile pentru relațiile de proprietate

it is enough to mention the periodical return of commercial crises

Este suficient să menționăm revenirea periodică a crizelor comerciale

each commercial crisis is more threatening to Bourgeoisie society than the last

fiecare criză comercială este mai amenințătoare pentru societatea burgheză decât ultima

In these crises a great part of the existing products are destroyed

În aceste crize o mare parte din produsele existente sunt distruse

but these crises also destroy the previously created productive forces

Dar aceste crize distrug și forțele de producție create anterior

in all earlier epochs these epidemics would have seemed an absurdity

În toate epocile anterioare, aceste epidemii ar fi părut o absurditate

because these epidemics are the commercial crises of over-production

pentru că aceste epidemii sunt crizele comerciale ale supraproducției

Society suddenly finds itself put back into a state of momentary barbarism

Societatea se trezește brusc înapoi într-o stare de barbarie de moment

as if a universal war of devastation had cut off every means of subsistence

ca și cum un război universal de devastare ar fi tăiat orice mijloace de subzistență

industry and commerce seem to have been destroyed; and why?

industria și comerțul par să fi fost distruse; Și de ce?

Because there is too much civilisation and means of subsistence

Pentru că există prea multă civilizație și mijloace de subzistență

and because there is too much industry, and too much commerce

și pentru că există prea multă industrie și prea mult comerț

The productive forces at the disposal of society no longer develop Bourgeoisie property

Forțele de producție de care dispune societatea nu mai dezvoltă proprietatea burgheză

on the contrary, they have become too powerful for these conditions, by which they are fettered

dimpotrivă, au devenit prea puternici pentru aceste condiții, prin care sunt înlănțuiți

as soon as they overcome these fetters, they bring disorder into the whole of Bourgeoisie society

de îndată ce depășesc aceste cătușe, aduc dezordine în
întreaga societate burgheză
**and the productive forces endanger the existence of
Bourgeoisie property**
iar forțele de producție pun în pericol existența proprietății
burgheze
**The conditions of Bourgeoisie society are too narrow to
comprise the wealth created by them**
Condițiile societății burgheze sunt prea înguste pentru a
cuprinde bogăția creată de ele
And how does the Bourgeoisie get over these crises?
Și cum trece burghezia peste aceste crize?
**On the one hand, it overcomes these crises by the enforced
destruction of a mass of productive forces**
Pe de o parte, depășește aceste crize prin distrugerea forțată a
unei mase de forțe productive
**on the other hand, it overcomes these crises by the conquest
of new markets**
pe de altă parte, depășește aceste crize prin cucerirea de noi
piețe
**and it overcomes these crises by the more thorough
exploitation of the old forces of production**
și depășește aceste crize prin exploatarea mai profundă a
vechilor forțe de producție
**That is to say, by paving the way for more extensive and
more destructive crises**
Cu alte cuvinte, deschizând calea pentru crize mai extinse și
mai distructive
**it overcomes the crisis by diminishing the means whereby
crises are prevented**
ea depășește criza prin diminuarea mijloacelor prin care sunt
prevenite crizele
**The weapons with which the Bourgeoisie felled feudalism
to the ground are now turned against itself**
Armele cu care burghezia a doborât feudalismul sunt acum
întoarse împotriva ei însăși

But not only has the Bourgeoisie forged the weapons that bring death to itself

Dar nu numai că burghezia a forjat armele care își aduc moartea

it has also called into existence the men who are to wield those weapons

De asemenea, i-a chemat la existență pe oamenii care urmau să mânuiască acele arme

and these men are the modern working class; they are the proletarians

și acești oameni sunt clasa muncitoare modernă; ei sunt proletarii

In proportion as the Bourgeoisie is developed, in the same proportion is the Proletariat developed

În măsura în care burghezia este dezvoltată, în aceeași proporție se dezvoltă proletariatul

the modern working class developed a class of labourers

clasa muncitoare modernă a dezvoltat o clasă de muncitori

this class of labourers live only so long as they find work

Această clasă de muncitori trăiește doar atâta timp cât își găsesc de lucru

and they find work only so long as their labour increases capital

și își găsesc de lucru numai atâta timp cât munca lor crește capitalul

These labourers, who must sell themselves piece-meal, are a commodity

Acești muncitori, care trebuie să se vândă pe bucăți, sunt o marfă

these labourers are like every other article of commerce

acești muncitori sunt ca orice alt articol de comerț

and they are consequently exposed to all the vicissitudes of competition

și, în consecință, sunt expuși la toate vicisitudinile concurenței

they have to weather all the fluctuations of the market

trebuie să facă față tuturor fluctuațiilor pieței

Owing to the extensive use of machinery and to division of labour

Datorită utilizării pe scară largă a mașinilor și diviziunii muncii

the work of the proletarians has lost all individual character

Munca proletarilor și-a pierdut orice caracter individual

and consequently, the work of the proletarians has lost all charm for the workman

și, în consecință, munca proletarilor și-a pierdut tot farmecul pentru muncitor

He becomes an appendage of the machine, rather than the man he once was

El devine un apendice al mașinii, mai degrabă decât omul care a fost cândva

only the most simple, monotonous, and most easily acquired knack is required of him

Numai cel mai simplu, monoton și cel mai ușor de dobândit este necesar de la el

Hence, the cost of production of a workman is restricted

Prin urmare, costul de producție al unui muncitor este restricționat

it is restricted almost entirely to the means of subsistence that he requires for his maintenance

este limitată aproape în întregime la mijloacele de subzistență de care are nevoie pentru întreținerea sa

and it is restricted to the means of subsistence that he requires for the propagation of his race

și este limitat la mijloacele de subzistență de care are nevoie pentru propagarea rasei sale

But the price of a commodity, and therefore also of labour, is equal to its cost of production

Dar prețul unei mărfuri și, prin urmare, și al muncii, este egal cu costul său de producție

In proportion, therefore, as the repulsiveness of the work increases, the wage decreases

Prin urmare, în măsura în care respingerea muncii crește, salariul scade

Nay, the repulsiveness of his work increases at an even greater rate

Ba mai mult, respingerea operei sale crește într-un ritm și mai mare

as the use of machinery and division of labour increases, so does the burden of toil

Pe măsură ce utilizarea mașinilor și diviziunea muncii crește, crește și povara muncii

the burden of toil is increased by prolongation of the working hours

povara muncii este sporită prin prelungirea orelor de lucru

more is expected of the labourer in the same time as before

se așteaptă mai mult de la muncitor în același timp ca înainte

and of course the burden of the toil is increased by the speed of the machinery

și, desigur, povara muncii este crescută de viteza mașinilor

Modern industry has converted the little workshop of the patriarchal master into the great factory of the industrial capitalist

Industria modernă a transformat micul atelier al stăpânului patriarhal în marea fabrică a capitalistului industrial

Masses of labourers, crowded into the factory, are organised like soldiers

Masele de muncitori, înghesuite în fabrică, sunt organizate ca niște soldați

As privates of the industrial army they are placed under the command of a perfect hierarchy of officers and sergeants

Ca soldați ai armatei industriale, ei sunt plasați sub comanda unei ierarhii perfecte de ofițeri și sergenți

they are not only the slaves of the Bourgeoisie class and State

ei nu sunt doar sclavii burgheziei, clasei și statului

but they are also daily and hourly enslaved by the machine

dar sunt și sclavi zilnic și din oră în oră de mașină

they are enslaved by the over-looker, and, above all, by the individual Bourgeoisie manufacturer himself
ele sunt înrobite de privitor și, mai presus de toate, de însuși burghezia însuși
The more openly this despotism proclaims gain to be its end and aim, the more petty, the more hateful and the more embittering it is
Cu cât acest despotism proclamă mai deschis că câștigul este scopul și scopul său, cu atât este mai meschin, mai urât și mai amar
the more modern industry becomes developed, the lesser are the differences between the sexes
Cu cât industria modernă se dezvoltă, cu atât diferențele dintre sexe sunt mai mici
The less the skill and exertion of strength implied in manual labour, the more is the labour of men superseded by that of women
Cu cât munca manuală este mai puțină îndemânarea și forța implicată, cu atât munca bărbaților este mai mult înlocuită de cea a femeilor
Differences of age and sex no longer have any distinctive social validity for the working class
Diferențele de vârstă și sex nu mai au nicio validitate socială distinctivă pentru clasa muncitoare
All are instruments of labour, more or less expensive to use, according to their age and sex
Toate sunt instrumente de muncă, mai mult sau mai puțin costisitoare de utilizat, în funcție de vârstă și sex
as soon as the labourer receives his wages in cash, than he is set upon by the other portions of the Bourgeoisie
de îndată ce muncitorul își primește salariul în numerar, atunci este atacat de celelalte părți ale burgheziei
the landlord, the shopkeeper, the pawnbroker, etc
proprietarul, negustorul, amanetul etc
The lower strata of the middle class; the small trades people and shopkeepers

Păturile inferioare ale clasei de mijloc; Micii meseriași și comercianții
the retired tradesmen generally, and the handicraftsmen and peasants
comercianții pensionați în general, meșteșugarii și țăranii
all these sink gradually into the Proletariat
toate acestea se scufundă treptat în proletariat
partly because their diminutive capital does not suffice for the scale on which Modern Industry is carried on
parțial pentru că capitalul lor redus nu este suficient pentru amploarea pe care se desfășoară industria modernă
and because it is swamped in the competition with the large capitalists
și pentru că este copleșit în competiția cu marii capitaliști
partly because their specialized skill is rendered worthless by the new methods of production
în parte pentru că priceperea lor specializată este făcută fără valoare de noile metode de producție
Thus the Proletariat is recruited from all classes of the population
Astfel, proletariatul este recrutat din toate clasele populației
The Proletariat goes through various stages of development
Proletariatul trece prin diferite stadii de dezvoltare
With its birth begins its struggle with the Bourgeoisie
Odată cu nașterea ei începe lupta cu burghezia
At first the contest is carried on by individual labourers
La început, concursul este purtat de muncitori individuali
then the contest is carried on by the workpeople of a factory
apoi concursul este continuat de muncitorii unei fabrici
then the contest is carried on by the operatives of one trade, in one locality
apoi lupta este purtată de lucrătorii unei meserii, într-o localitate
and the contest is then against the individual Bourgeoisie who directly exploits them

iar lupta este atunci împotriva burgheziei individuale care îi exploatează direct

They direct their attacks not against the Bourgeoisie conditions of production

Ei își direcționează atacurile nu împotriva condițiilor de producție ale burgheziei

but they direct their attack against the instruments of production themselves

dar își îndreaptă atacul împotriva instrumentelor de producție însele

they destroy imported wares that compete with their labour

distrug mărfurile importate care concurează cu forța lor de muncă

they smash to pieces machinery and they set factories ablaze

sparg în bucăți mașini și dau foc fabricilor

they seek to restore by force the vanished status of the workman of the Middle Ages

ei caută să restabilească prin forță statutul dispărut al muncitorului din Evul Mediu

At this stage the labourers still form an incoherent mass scattered over the whole country

În acest stadiu, muncitorii încă formează o masă incoerentă împrăștiată în întreaga țară

and they are broken up by their mutual competition

și sunt despărțiți de competiția lor reciprocă

If anywhere they unite to form more compact bodies, this is not yet the consequence of their own active union

Dacă undeva se unesc pentru a forma corpuri mai compacte, aceasta nu este încă consecința propriei lor uniuni active

but it is a consequence of the union of the Bourgeoisie, to attain its own political ends

dar este o consecință a unirii burgheziei, pentru a-și atinge propriile scopuri politice

the Bourgeoisie is compelled to set the whole Proletariat in motion

burghezia este obligată să pună în mișcare întregul proletariat

and moreover, for a time being, the Bourgeoisie is able to do so

şi, mai mult, pentru o vreme, burghezia este capabilă să facă acest lucru

At this stage, therefore, the proletarians do not fight their enemies

Prin urmare, în acest stadiu, proletarii nu se luptă cu duşmanii lor

but instead they are fighting the enemies of their enemies

dar în schimb se luptă cu duşmanii duşmanilor lor

the fight the remnants of absolute monarchy and the landowners

lupta cu rămăşiţele monarhiei absolute şi cu proprietarii de pământ

they fight the non-industrial Bourgeoisie; the petty Bourgeoisie

luptă împotriva burgheziei non-industriale; mica burghezie

Thus the whole historical movement is concentrated in the hands of the Bourgeoisie

Astfel, întreaga mişcare istorică este concentrată în mâinile burgheziei

every victory so obtained is a victory for the Bourgeoisie

fiecare victorie astfel obţinută este o victorie pentru burghezie

But with the development of industry the Proletariat not only increases in number

Dar odată cu dezvoltarea industriei, proletariatul nu numai că creşte în număr

the Proletariat becomes concentrated in greater masses and its strength grows

proletariatul se concentrează în mase mai mari şi puterea sa creşte

and the Proletariat feels that strength more and more

iar proletariatul simte această putere din ce în ce mai mult

The various interests and conditions of life within the ranks of the Proletariat are more and more equalised

Diferitele interese și condiții de viață în rândurile
proletariatului sunt din ce în ce mai egale
**they become more in proportion as machinery obliterates all
distinctions of labour**
ele devin din ce în ce mai proporționale pe măsură ce mașinile
șterg toate distincțiile de muncă
**and machinery nearly everywhere reduces wages to the same
low level**
iar utilajele aproape pretutindeni reduc salariile la același
nivel scăzut
**The growing competition among the Bourgeoisie, and the
resulting commercial crises, make the wages of the workers
ever more fluctuating**
Concurența crescândă între burghezie și crizele comerciale
care au rezultat fac ca salariile muncitorilor să fie din ce în ce
mai fluctuante
**The unceasing improvement of machinery, ever more
rapidly developing, makes their livelihood more and more
precarious**
Perfecționarea neîncetată a mașinilor, care se dezvoltă din ce
în ce mai rapid, face ca mijloacele lor de trai să fie din ce în ce
mai precare
**the collisions between individual workmen and individual
Bourgeoisie take more and more the character of collisions
between two classes**
ciocnirile dintre muncitorii individuali și burghezia
individuală caprind din ce în ce mai mult caracterul de
ciocnire între două clase
**Thereupon the workers begin to form combinations (Trades
Unions) against the Bourgeoisie**
Atunci muncitorii încep să formeze combinații (sindicate)
împotriva burgheziei
they club together in order to keep up the rate of wages
Ei se unesc pentru a menține rata salariilor
**they found permanent associations in order to make
provision beforehand for these occasional revolts**

au găsit asociații permanente pentru a lua măsuri prealabile
pentru aceste revolte ocazionale

Here and there the contest breaks out into riots

Ici și colo concursul izbucnește în revolte

Now and then the workers are victorious, but only for a time

Din când în când, muncitorii sunt victorioși, dar numai pentru
o vreme

**The real fruit of their battles lies, not in the immediate
result, but in the ever-expanding union of the workers**

Adevăratul rod al bătăliilor lor nu constă în rezultatul imediat,
ci în uniunea în continuă expansiune a muncitorilor

**This union is helped on by the improved means of
communication that are created by modern industry**

Această uniune este ajutată de mijloacele de comunicare
îmbunătățite create de industria modernă

**modern communication places the workers of different
localities in contact with one another**

Comunicarea modernă pune în contact lucrătorii din diferite
localități

**It was just this contact that was needed to centralise the
numerous local struggles into one national struggle between
classes**

Tocmai acest contact a fost necesar pentru a centraliza
numeroasele lupte locale într-o singură luptă națională între
clase

**all of these struggles are of the same character, and every
class struggle is a political struggle**

Toate aceste lupte sunt de același caracter și fiecare luptă de
clasă este o luptă politică

**the burghers of the Middle Ages, with their miserable
highways, required centuries to form their unions**

burghezii din Evul Mediu, cu autostrăzile lor mizerabile, au
avut nevoie de secole pentru a-și forma uniunile

**the modern proletarians, thanks to railways, achieve their
unions within a few years**

proletarii moderni, datorită căilor ferate, îşi realizează uniunile în câţiva ani

This organisation of the proletarians into a class consequently formed them into a political party

Această organizare a proletarilor într-o clasă i-a transformat, în consecinţă, într-un partid politic

the political class is continually being upset again by the competition between the workers themselves

clasa politică este din nou supărată de competiţia dintre muncitori înşişi

But the political class continues to rise up again, stronger, firmer, mightier

Dar clasa politică continuă să se ridice din nou, mai puternică, mai fermă, mai puternică

It compels legislative recognition of particular interests of the workers

Aceasta impune recunoaşterea legislativă a intereselor specifice ale lucrătorilor

it does this by taking advantage of the divisions among the Bourgeoisie itself

face acest lucru profitând de diviziunile din cadrul burgheziei însăşi

Thus the ten-hours' bill in England was put into law

Astfel, proiectul de lege de zece ore din Anglia a fost pus în lege

in many ways the collisions between the classes of the old society further is the course of development of the Proletariat

în multe privinţe, ciocnirea dintre clasele vechii societăţi este şi mai departe cursul dezvoltării proletariatului

The Bourgeoisie finds itself involved in a constant battle

Burghezia se află implicată într-o luptă constantă

At first it will find itself involved in a constant battle with the aristocracy

La început se va trezi implicat într-o luptă constantă cu aristocraţia

later on it will find itself involved in a constant battle with those portions of the Bourgeoisie itself

mai târziu se va trezi implicat într-o luptă constantă cu acele părți ale burgheziei însăși

and their interests will have become antagonistic to the progress of industry

iar interesele lor vor fi devenit antagoniste progresului industriei

at all times, their interests will have become antagonistic with the Bourgeoisie of foreign countries

în orice moment, interesele lor vor fi devenit antagoniste cu burghezia țărilor străine

In all these battles it sees itself compelled to appeal to the Proletariat, and asks for its help

În toate aceste bătălii se vede obligat să facă apel la proletariat și îi cere ajutorul

and thus, it will feel compelled to drag it into the political arena

și astfel, se va simți obligat să-l tragă în arena politică

The Bourgeoisie itself, therefore, supplies the Proletariat with its own instruments of political and general education

Prin urmare, burghezia însăși furnizează proletariatului propriile instrumente de educație politică și generală

in other words, it furnishes the Proletariat with weapons for fighting the Bourgeoisie

cu alte cuvinte, ea furnizează proletariatului arme pentru a lupta împotriva burgheziei

Further, as we have already seen, entire sections of the ruling classes are precipitated into the Proletariat

Mai mult, după cum am văzut deja, secțiuni întregi ale claselor conducătoare sunt precipitate în proletariat

the advance of industry sucks them into the Proletariat

avansul industriei îi absoarbe în proletariat

or, at least, they are threatened in their conditions of existence

sau, cel puțin, sunt amenințate în condițiile lor de existență

These also supply the Proletariat with fresh elements of enlightenment and progress

Acestea furnizează, de asemenea, proletariatului elemente noi de iluminare și progres

Finally, in times when the class struggle nears the decisive hour

În sfârșit, în vremuri în care lupta de clasă se apropie de ora decisivă

the process of dissolution going on within the ruling class

procesul de dizolvare care se desfășoară în cadrul clasei conducătoare

in fact, the dissolution going on within the ruling class will be felt within the whole range of society

de fapt, dizolvarea care are loc în cadrul clasei conducătoare va fi resimțită în întreaga gamă a societății

it will take on such a violent, glaring character, that a small section of the ruling class cuts itself adrift

va căpăta un caracter atât de violent și de evident, încât o mică parte a clasei conducătoare se lasă în derivă

and that ruling class will join the revolutionary class

și că clasa conducătoare se va alătura clasei revoluționare

the revolutionary class being the class that holds the future in its hands

clasa revoluționară fiind clasa care deține viitorul în mâinile sale

Just as at an earlier period, a section of the nobility went over to the Bourgeoisie

La fel ca într-o perioadă anterioară, o parte a nobilimii a trecut la burghezie

the same way a portion of the Bourgeoisie will go over to the Proletariat

în același mod în care o parte a burgheziei va trece la proletariat

in particular, a portion of the Bourgeoisie will go over to a portion of the Bourgeoisie ideologists

în special, o parte din burghezie va trece la o parte din ideologii burgheziei

Bourgeoisie ideologists who have raised themselves to the level of comprehending theoretically the historical movement as a whole

Ideologii burghezi care s-au ridicat la nivelul înțelegerii teoretice a mișcării istorice în ansamblu

Of all the classes that stand face to face with the Bourgeoisie today, the Proletariat alone is a really revolutionary class

Dintre toate clasele care se află astăzi față în față cu burghezia, numai proletariatul este o clasă cu adevărat revoluționară

The other classes decay and finally disappear in the face of Modern Industry

Celelalte clase se descompun și dispar în cele din urmă în fața industriei moderne

the Proletariat is its special and essential product

Proletariatul este produsul său special și esențial

The lower middle class, the small manufacturer, the shopkeeper, the artisan, the peasant

Clasa de mijloc inferioară, micul fabricant, negustorul, meșteșugarul, țăranul

all these fight against the Bourgeoisie

toate acestea luptă împotriva burgheziei

they fight as fractions of the middle class to save themselves from extinction

ei luptă ca fracțiuni ale clasei de mijloc pentru a se salva de la dispariție

They are therefore not revolutionary, but conservative

Prin urmare, ei nu sunt revoluționari, ci conservatori

Nay more, they are reactionary, for they try to roll back the wheel of history

Ba mai mult, ei sunt reacționari, pentru că încearcă să dea înapoi roata istoriei

If by chance they are revolutionary, they are so only in view of their impending transfer into the Proletariat

Dacă din întâmplare sunt revoluționari, sunt revoluționari
numai în vederea transferului lor iminent în proletariat
they thus defend not their present, but their future interests
Astfel, ei își apără nu interesele prezente, ci viitoare
they desert their own standpoint to place themselves at that
of the Proletariat
ei își părăsesc propriul punct de vedere pentru a se plasa la cel
al proletariatului
The "dangerous class," the social scum, that passively rotting
mass thrown off by the lowest layers of old society
"Clasa periculoasă", gunoiul social, acea masă putrezită pasiv
aruncată de straturile de jos ale vechii societăți
they may, here and there, be swept into the movement by a
proletarian revolution
ei pot, ici și colo, să fie atrași în mișcare de o revoluție
proletară
its conditions of life, however, prepare it far more for the
part of a bribed tool of reactionary intrigue
Condițiile sale de viață, totuși, îl pregătesc mult mai mult
pentru rolul unui instrument mituit al intrigilor reacționare
In the conditions of the Proletariat, those of old society at
large are already virtually swamped
În condițiile proletariatului, cele ale vechii societăți în general
sunt deja practic copleșite
The proletarian is without property
Proletarul este fără proprietate
his relation to his wife and children has no longer anything
in common with the Bourgeoisie's family-relations
relația sa cu soția și copiii săi nu mai are nimic în comun cu
relațiile de familie ale burgheziei
modern industrial labour, modern subjection to capital, the
same in England as in France, in America as in Germany
munca industrială modernă, supunerea modernă față de
capital, la fel în Anglia ca și în Franța, în America ca și în
Germania

his condition in society has stripped him of every trace of national character

Condiția sa în societate l-a dezbrăcat de orice urmă de caracter național

Law, morality, religion, are to him so many Bourgeoisie prejudices

Legea, moralitatea, religia sunt pentru el atâtea prejudecăți burgheze

and behind these prejudices lurk in ambush just as many Bourgeoisie interests

și în spatele acestor prejudecăți se ascund în ambuscadă la fel de multe interese burgheze

All the preceding classes that got the upper hand, sought to fortify their already acquired status

Toate clasele anterioare care au obținut avantajul au căutat să-și întărească statutul deja dobândit

they did this by subjecting society at large to their conditions of appropriation

au făcut acest lucru supunând societatea în general condițiilor lor de însușire

The proletarians cannot become masters of the productive forces of society

Proletarii nu pot deveni stăpâni ai forțelor de producție ale societății

it can only do this by abolishing their own previous mode of appropriation

poate face acest lucru doar prin abolirea propriului mod anterior de însușire

and thereby it also abolishes every other previous mode of appropriation

și, prin urmare, desființează și orice alt mod anterior de însușire

They have nothing of their own to secure and to fortify

Ei nu au nimic propriu de asigurat și de întărit

their mission is to destroy all previous securities for, and insurances of, individual property

misiunea lor este de a distruge toate titlurile de valoare
anterioare și asigurările proprietății individuale

**All previous historical movements were movements of
minorities**

Toate mișcările istorice anterioare au fost mișcări ale
minorităților

or they were movements in the interests of minorities

sau erau mișcări în interesul minorităților

**The proletarian movement is the self-conscious,
independent movement of the immense majority**

Mișcarea proletară este mișcarea independentă și conștientă
de sine a imensei majorități

**and it is a movement in the interests of the immense
majority**

și este o mișcare în interesul imensei majorități

The Proletariat, the lowest stratum of our present society

Proletariatul, stratul cel mai de jos al societății noastre actuale

**it cannot stir or raise itself up without the whole
superincumbent strata of official society being sprung into
the air**

nu se poate mișca sau ridica fără ca toate păturile superioare
ale societății oficiale să fie ridicate în aer

**Though not in substance, yet in form, the struggle of the
Proletariat with the Bourgeoisie is at first a national struggle**

Deși nu în substanță, dar în formă, lupta proletariatului cu
burghezia este la început o luptă națională

**The Proletariat of each country must, of course, first of all
settle matters with its own Bourgeoisie**

Proletariatul fiecărei țări trebuie, desigur, să rezolve mai întâi
de toate problemele cu propria sa burghezie

**In depicting the most general phases of the development of
the Proletariat, we traced the more or less veiled civil war**

Descriind cele mai generale faze ale dezvoltării proletariatului,
am urmărit războiul civil mai mult sau mai puțin voalat

this civil is raging within existing society

Acest civil face ravagii în societatea existentă

it will rage up to the point where that war breaks out into open revolution

se va dezlănțui până la punctul în care războiul va izbucni într-o revoluție deschisă

and then the violent overthrow of the Bourgeoisie lays the foundation for the sway of the Proletariat

și apoi răsturnarea violentă a burgheziei pune bazele dominației proletariatului

Hitherto, every form of society has been based, as we have already seen, on the antagonism of oppressing and oppressed classes

Până acum, fiecare formă de societate s-a bazat, așa cum am văzut deja, pe antagonismul claselor opresive și oprimate

But in order to oppress a class, certain conditions must be assured to it

Dar pentru a asupri o clasă, trebuie asigurate anumite condiții

the class must be kept under conditions in which it can, at least, continue its slavish existence

clasa trebuie păstrată în condiții în care să poată, cel puțin, să-și continue existența sclavă

The serf, in the period of serfdom, raised himself to membership in the commune

Iobagul, în perioada iobăgiei, s-a ridicat ca membru al comunei

just as the petty Bourgeoisie, under the yoke of feudal absolutism, managed to develop into a Bourgeoisie

la fel cum mica burghezie, sub jugul absolutismului feudal, a reușit să se dezvolte într-o burghezie

The modern labourer, on the contrary, instead of rising with the progress of industry, sinks deeper and deeper

Muncitorul modern, dimpotrivă, în loc să se ridice odată cu progresul industriei, se scufundă din ce în ce mai adânc

he sinks below the conditions of existence of his own class

el se scufundă sub condițiile de existență ale propriei sale clase

He becomes a pauper, and pauperism develops more rapidly than population and wealth

El devine un sărac, iar sărăcia se dezvoltă mai repede decât populația și bogăția

And here it becomes evident, that the Bourgeoisie is unfit any longer to be the ruling class in society

Și aici devine evident că burghezia nu mai este potrivită pentru a fi clasa conducătoare în societate

and it is unfit to impose its conditions of existence upon society as an over-riding law

și nu este potrivit să-și impună condițiile de existență asupra societății ca o lege dominantă

It is unfit to rule because it is incompetent to assure an existence to its slave within his slavery

Este nepotrivit să conducă pentru că este incompetent să-i asigure o existență sclavului său în sclavia sa

because it cannot help letting him sink into such a state, that it has to feed him, instead of being fed by him

pentru că nu se poate abține să-l lase să se scufunde într-o astfel de stare, încât trebuie să-l hrănească, în loc să fie hrănit de el

Society can no longer live under this Bourgeoisie

Societatea nu mai poate trăi sub această burghezie

in other words, its existence is no longer compatible with society

cu alte cuvinte, existența sa nu mai este compatibilă cu societatea

The essential condition for the existence, and for the sway of the Bourgeoisie class, is the formation and augmentation of capital

Condiția esențială pentru existența și pentru dominația clasei burgheze este formarea și creșterea capitalului

the condition for capital is wage-labour

Condiția capitalului este munca salariată

Wage-labour rests exclusively on competition between the labourers

Munca salariată se bazează exclusiv pe concurența dintre muncitori

The advance of industry, whose involuntary promoter is the Bourgeoisie, replaces the isolation of the labourers
Înaintarea industriei, al cărei promotor involuntar este burghezia, înlocuiește izolarea muncitorilor

due to competition, due to their revolutionary combination, due to association
datorită concurenței, datorită combinației lor revoluționare, datorită asocierii

The development of Modern Industry cuts from under its feet the very foundation on which the Bourgeoisie produces and appropriates products
Dezvoltarea industriei moderne taie de sub picioarele sale însăși fundația pe care burghezia produce și își însușește produsele

What the Bourgeoisie produces, above all, is its own grave-diggers
Ceea ce produce burghezia, mai presus de toate, sunt proprii săi gropari

The fall of the Bourgeoisie and the victory of the Proletariat are equally inevitable
Căderea burgheziei și victoria proletariatului sunt la fel de inevitabile

Proletarians and Communists
Proletari și Comuniști

In what relation do the Communists stand to the proletarians as a whole?
În ce relație se află comuniștii cu proletarii în ansamblu?

The Communists do not form a separate party opposed to other working-class parties
Comuniștii nu formează un partid separat opus altor partide muncitoare

They have no interests separate and apart from those of the proletariat as a whole
Ei nu au interese separate de cele ale proletariatului în ansamblu

They do not set up any sectarian principles of their own, by which to shape and mould the proletarian movement
Ei nu stabilesc nici un principiu sectar propriu, prin care să modeleze și să modeleze mișcarea proletară

The Communists are distinguished from the other working-class parties by only two things
Comuniștii se disting de celelalte partide muncitoare doar prin două lucruri

Firstly, they point out and bring to the front the common interests of the entire proletariat, independently of all nationality
În primul rând, ele subliniază și aduc în prim-plan interesele comune ale întregului proletariat, independent de orice naționalitate

this they do in the national struggles of the proletarians of the different countries
Acest lucru îl fac în luptele naționale ale proletarilor din diferite țări

Secondly, they always and everywhere represent the interests of the movement as a whole
În al doilea rând, ele reprezintă întotdeauna și pretutindeni interesele mișcării în ansamblu

this they do in the various stages of development, which the struggle of the working class against the Bourgeoisie has to pass through

acest lucru îl fac în diferitele stadii de dezvoltare, prin care trebuie să treacă lupta clasei muncitoare împotriva burgheziei

The Communists, therefore, are on the one hand, practically, the most advanced and resolute section of the working-class parties of every country

Prin urmare, comuniștii sunt, pe de o parte, practic, cea mai avansată și hotărâtă secțiune a partidelor muncitoare din fiecare țară

they are that section of the working class which pushes forward all others

ei sunt acea secțiune a clasei muncitoare care îi împinge înainte pe toți ceilalți

theoretically, they also have the advantage of clearly understanding the line of march

Teoretic, au și avantajul de a înțelege clar linia de marș

this they understand better compared the great mass of the proletariat

Acest lucru îl înțeleg mai bine în comparație cu marea masă a proletariatului

they understand the conditions, and the ultimate general results of the proletarian movement

ei înțeleg condițiile și rezultatele generale finale ale mișcării proletare

The immediate aim of the Communist is the same as that of all the other proletarian parties

Scopul imediat al comunismului este același cu cel al tuturor celorlalte partide proletare

their aim is the formation of the proletariat into a class

scopul lor este formarea proletariatului într-o clasă

they aim to overthrow the Bourgeoisie supremacy

ei urmăresc să răstoarne supremația burgheziei

the strive for the conquest of political power by the proletariat

lupta pentru cucerirea puterii politice de către proletariat

The theoretical conclusions of the Communists are in no way based on ideas or principles of reformers

Concluziile teoretice ale comuniştilor nu se bazează în niciun fel pe idei sau principii ale reformatorilor

it wasn't would-be universal reformers that invented or discovered the theoretical conclusions of the Communists

nu au fost potenţialii reformatori universali care au inventat sau au descoperit concluziile teoretice ale comuniştilor

They merely express, in general terms, actual relations springing from an existing class struggle

Ele doar exprimă, în termeni generali, relaţii reale care izvorăsc dintr-o luptă de clasă existentă

and they describe the historical movement going on under our very eyes that have created this class struggle

şi descriu mişcarea istorică care se desfăşoară sub ochii noştri şi care a creat această luptă de clasă

The abolition of existing property relations is not at all a distinctive feature of Communism

Abolirea relaţiilor de proprietate existente nu este deloc o trăsătură distinctivă a comunismului

All property relations in the past have continually been subject to historical change

Toate relaţiile de proprietate din trecut au fost supuse în mod continuu schimbărilor istorice

and these changes were consequent upon the change in historical conditions

şi aceste schimbări au fost consecinţe ale schimbării condiţiilor istorice

The French Revolution, for example, abolished feudal property in favour of Bourgeoisie property

Revoluţia Franceză, de exemplu, a abolit proprietatea feudală în favoarea proprietăţii burgheze

The distinguishing feature of Communism is not the abolition of property, generally

Trăsătura distinctivă a comunismului nu este abolirea
proprietății, în general
**but the distinguishing feature of Communism is the
abolition of Bourgeoisie property**
dar trăsătura distinctivă a comunismului este abolirea
proprietății burgheze
**But modern Bourgeoisie private property is the final and
most complete expression of the system of producing and
appropriating products**
Dar proprietatea privată a burgheziei moderne este expresia
finală și cea mai completă a sistemului de producție și însușire
a produselor
**it is the final state of a system that is based on class
antagonisms, where class antagonism is the exploitation of
the many by the few**
Este starea finală a unui sistem care se bazează pe
antagonisme de clasă, în care antagonismul de clasă este
exploatarea celor mulți de către puțini
**In this sense, the theory of the Communists may be summed
up in the single sentence; the Abolition of private property**
În acest sens, teoria comuniștilor poate fi rezumată într-o
singură propoziție; abolirea proprietății private
**We Communists have been reproached with the desire of
abolishing the right of personally acquiring property**
Nouă, comuniștilor, ni s-a reproșat dorința de a aboli dreptul
de a dobândi personal proprietatea
**it is claimed that this property is the fruit of a man's own
labour**
Se pretinde că această proprietate este rodul muncii unui om
**and this property is alleged to be the groundwork of all
personal freedom, activity and independence.**
și se presupune că această proprietate este baza oricărei
libertăți, activități și independențe personale.
"Hard-won, self-acquired, self-earned property!"
"Proprietate câștigată cu greu, auto-dobândită, câștigată de
sine!"

Do you mean the property of the petty artisan and of the small peasant?
Te referi la proprietatea micului meşteşugar şi a micului ţăran?

Do you mean a form of property that preceded the Bourgeoisie form?
Vrei să spui o formă de proprietate care a precedat forma burgheziei?

There is no need to abolish that, the development of industry has to a great extent already destroyed it
Nu este nevoie să abolim acest lucru, dezvoltarea industriei a distrus-o deja în mare măsură

and development of industry is still destroying it daily
iar dezvoltarea industriei încă o distruge zilnic

Or do you mean modern Bourgeoisie private property?
Sau vă referiţi la proprietatea privată a burgheziei moderne?

But does wage-labour create any property for the labourer?
Dar munca salariată creează vreo proprietate pentru muncitor?

no, wage labour creates not one bit of this kind of property!
Nu, munca salariată nu creează nici măcar o bucată din acest tip de proprietate!

what wage labour does create is capital; that kind of property which exploits wage-labour
ceea ce creează munca salariată este capitalul; acel tip de proprietate care exploatează munca salariată

capital cannot increase except upon condition of begetting a new supply of wage-labour for fresh exploitation
capitalul nu poate creşte decât cu condiţia generării unei noi oferte de muncă salariată pentru o nouă exploatare

Property, in its present form, is based on the antagonism of capital and wage-labour
Proprietatea, în forma sa actuală, se bazează pe antagonismul dintre capital şi munca salariată

Let us examine both sides of this antagonism
Să examinăm ambele părţi ale acestui antagonism

To be a capitalist is to have not only a purely personal status
A fi capitalist înseamnă a avea nu numai un statut pur
personal
instead, to be a capitalist is also to have a social status in
production
în schimb, a fi capitalist înseamnă și a avea un statut social în
producție
because capital is a collective product; only by the united
action of many members can it be set in motion
pentru că capitalul este un produs colectiv; Numai prin
acțiunea unită a multor membri poate fi pusă în mișcare
but this united action is a last resort, and actually requires
all members of society
Dar această acțiune unită este o ultimă soluție și necesită de
fapt toți membrii societății
Capital does get converted into the property of all members
of society
Capitalul este transformat în proprietatea tuturor membrilor
societății
but Capital is, therefore, not a personal power; it is a social
power
dar capitalul nu este, prin urmare, o putere personală; este o
putere socială
so when capital is converted into social property, personal
property is not thereby transformed into social property
Astfel, atunci când capitalul este transformat în proprietate
socială, proprietatea personală nu este transformată în
proprietate socială
It is only the social character of the property that is changed,
and loses its class-character
Numai caracterul social al proprietății este schimbat și își
pierde caracterul de clasă
Let us now look at wage-labour
Să ne uităm acum la munca salariată
The average price of wage-labour is the minimum wage, i.e.,
that quantum of the means of subsistence

Prețul mediu al muncii salariate este salariul minim, adică cuantumul mijloacelor de subzistență

this wage is absolutely requisite in bare existence as a labourer

Acest salariu este absolut necesar în existența simplă ca muncitor

What, therefore, the wage-labourer appropriates by means of his labour, merely suffices to prolong and reproduce a bare existence

Prin urmare, ceea ce muncitorul salariat își însușește prin munca sa, este suficient doar pentru a prelungi și a reproduce o existență goală

We by no means intend to abolish this personal appropriation of the products of labour

Nu intenționăm în niciun caz să abolim această însușire personală a produselor muncii

an appropriation that is made for the maintenance and reproduction of human life

o însușire care este făcută pentru menținerea și reproducerea vieții umane

such personal appropriation of the products of labour leave no surplus wherewith to command the labour of others

O astfel de însușire personală a produselor muncii nu lasă surplus cu care să comande munca altora

All that we want to do away with, is the miserable character of this appropriation

Tot ceea ce vrem să eliminăm este caracterul mizerabil al acestei însușiri

the appropriation under which the labourer lives merely to increase capital

însușirea sub care muncitorul trăiește doar pentru a crește capitalul

he is allowed to live only in so far as the interest of the ruling class requires it

i se permite să trăiască numai în măsura în care interesul clasei conducătoare o cere

In Bourgeoisie society, living labour is but a means to increase accumulated labour

În societatea burgheză, munca vie nu este decât un mijloc de a crește forța de muncă acumulată

In Communist society, accumulated labour is but a means to widen, to enrich, to promote the existence of the labourer

În societatea comunistă, munca acumulată nu este decât un mijloc de lărgire, de îmbogățire, de promovare a existenței muncitorului

In Bourgeoisie society, therefore, the past dominates the present

Prin urmare, în societatea burgheză, trecutul domină prezentul

in Communist society the present dominates the past

în societatea comunistă, prezentul domină trecutul

In Bourgeoisie society capital is independent and has individuality

În societatea burgheză capitalul este independent și are individualitate

In Bourgeoisie society the living person is dependent and has no individuality

În societatea burgheză persoana vie este dependentă și nu are individualitate

And the abolition of this state of things is called by the Bourgeoisie, abolition of individuality and freedom!

Iar abolirea acestei stări de lucruri este numită de burghezie abolirea individualității și a libertății!

And it is rightly called the abolition of individuality and freedom!

Și se numește pe bună dreptate abolirea individualității și a libertății!

Communism aims for the abolition of Bourgeoisie individuality

Comunismul urmărește abolirea individualității burgheziei

Communism intends for the abolition of Bourgeoisie independence

Comunismul intenționează abolirea independenței burgheziei
Bourgeoisie freedom is undoubtedly what communism is aiming at
Libertatea burgheziei este, fără îndoială, ceea ce urmărește comunismul
under the present Bourgeoisie conditions of production, freedom means free trade, free selling and buying
în condițiile actuale de producție ale burgheziei, libertatea înseamnă comerț liber, vânzare și cumpărare liberă
But if selling and buying disappears, free selling and buying also disappears
Dar dacă vânzarea și cumpărarea dispar, dispar și vânzarea și cumpărarea gratuită
"brave words" by the Bourgeoisie about free selling and buying only have meaning in a limited sense
"cuvintele curajoase" ale burgheziei despre vânzarea și cumpărarea liberă au doar un sens limitat
these words have meaning only in contrast with restricted selling and buying
Aceste cuvinte au sens doar în contrast cu vânzarea și cumpărarea restricționată
and these words have meaning only when applied to the fettered traders of the Middle Ages
și aceste cuvinte au sens numai atunci când sunt aplicate comercianților înlănțuiți din Evul Mediu
and that assumes these words even have meaning in a Bourgeoisie sense
și asta presupune că aceste cuvinte au chiar sens într-un sens burghez
but these words have no meaning when they're being used to oppose the Communistic abolition of buying and selling
dar aceste cuvinte nu au nici un sens atunci când sunt folosite pentru a se opune abolirii comuniste a cumpărării și vânzării
the words have no meaning when they're being used to oppose the Bourgeoisie conditions of production being abolished

cuvintele nu au nici un sens atunci când sunt folosite pentru a
se opune abolirii condițiilor de producție ale burgheziei
**and they have no meaning when they're being used to
oppose the Bourgeoisie itself being abolished**
și nu au nici un sens atunci când sunt folosite pentru a se
opune desființării burgheziei însăși
**You are horrified at our intending to do away with private
property**
Ești îngrozit de intenția noastră de a elimina proprietatea
privată
**But in your existing society, private property is already done
away with for nine-tenths of the population**
Dar în societatea voastră actuală, proprietatea privată este deja
eliminată pentru nouă zecimi din populație
**the existence of private property for the few is solely due to
its non-existence in the hands of nine-tenths of the
population**
Existența proprietății private pentru cei puțini se datorează
exclusiv inexistenței sale în mâinile a nouă zecimi din
populație
**You reproach us, therefore, with intending to do away with a
form of property**
Prin urmare, ne reproșați că intenționăm să eliminăm o formă
de proprietate
**but private property necessitates the non-existence of any
property for the immense majority of society**
dar proprietatea privată necesită inexistența oricărei
proprietăți pentru imensa majoritate a societății
**In one word, you reproach us with intending to do away
with your property**
Într-un cuvânt, ne reproșați intenția de a vă înlătura
proprietatea
**And it is precisely so; doing away with your Property is just
what we intend**
Și este exact așa; eliminarea proprietății dumneavoastră este
exact ceea ce intenționăm

From the moment when labour can no longer be converted into capital, money, or rent

Din momentul în care munca nu mai poate fi convertită în capital, bani sau rentă

when labour can no longer be converted into a social power capable of being monopolised

când munca nu va mai putea fi transformată într-o putere socială care poate fi monopolizată

from the moment when individual property can no longer be transformed into Bourgeoisie property

din momentul în care proprietatea individuală nu mai poate fi transformată în proprietate burgheză

from the moment when individual property can no longer be transformed into capital

din momentul în care proprietatea individuală nu mai poate fi transformată în capital

from that moment, you say individuality vanishes

din acel moment, spui că individualitatea dispare

You must, therefore, confess that by "individual" you mean no other person than the Bourgeoisie

Prin urmare, trebuie să mărturiseşti că prin "individ" nu înţelegi altă persoană decât burghezia

you must confess it specifically refers to the middle-class owner of property

Trebuie să mărturiseşti că se referă în mod specific la proprietarul proprietăţii din clasa de mijloc

This person must, indeed, be swept out of the way, and made impossible

Această persoană trebuie, într-adevăr, să fie măturată din cale şi făcută imposibilă

Communism deprives no man of the power to appropriate the products of society

Comunismul nu privează pe nimeni de puterea de a-şi însuşi produsele societăţii

all that Communism does is to deprive him of the power to subjugate the labour of others by means of such appropriation

tot ceea ce face comunismul este să-l priveze de puterea de a subjuga munca altora prin intermediul unei astfel de însușiri

It has been objected that upon the abolition of private property all work will cease

S-a obiectat că, odată cu abolirea proprietății private, toate lucrările vor înceta

and it is then suggested that universal laziness will overtake us

și apoi se sugerează că lenea universală ne va cuprinde

According to this, Bourgeoisie society ought long ago to have gone to the dogs through sheer idleness

Conform acestui lucru, societatea burgheză ar fi trebuit să meargă cu mult timp în urmă la câini prin pură lenevie

because those of its members who work, acquire nothing

pentru că aceia dintre membrii săi care muncesc, nu dobândesc nimic

and those of its members who acquire anything, do not work

iar aceia dintre membrii săi care dobândesc ceva, nu muncesc

The whole of this objection is but another expression of the tautology

Întreaga obiecție nu este decât o altă expresie a tautologiei

there can no longer be any wage-labour when there is no longer any capital

Nu mai poate exista muncă salariată când nu mai există capital

there is no difference between material products and mental products

Nu există nicio diferență între produsele materiale și produsele mentale

communism proposes both of these are produced in the same way

Comunismul propune ca ambele sa fie produse in acelasi mod

**but the objections against the Communistic modes of
producing these are the same**

dar obiecțiile împotriva modurilor comuniste de a le produce
sunt aceleași

**to the Bourgeoisie the disappearance of class property is the
disappearance of production itself**

pentru burghezie, dispariția proprietății de clasă este
dispariția producției însăși

**so the disappearance of class culture is to him identical with
the disappearance of all culture**

deci dispariția culturii de clasă este pentru el identică cu
dispariția întregii culturi

**That culture, the loss of which he laments, is for the
enormous majority a mere training to act as a machine**

Această cultură, a cărei pierdere deplânge el, este pentru
marea majoritate o simplă pregătire pentru a acționa ca o
mașină

**Communists very much intend to abolish the culture of
Bourgeoisie property**

Comuniștii intenționează foarte mult să abolească cultura
proprietății burgheze

**But don't wrangle with us so long as you apply the standard
of your Bourgeoisie notions of freedom, culture, law, etc**

Dar nu vă certați cu noi atâta timp cât aplicați standardul
noțiunilor burgheze de libertate, cultură, lege etc

**Your very ideas are but the outgrowth of the conditions of
your Bourgeoisie production and Bourgeoisie property**

Ideile tale nu sunt decât consecințele condițiilor producției
burgheze și a proprietății burgheziei

**just as your jurisprudence is but the will of your class made
into a law for all**

la fel cum jurisprudența voastră nu este decât voința clasei
voastre transformată într-o lege pentru toți

**the essential character and direction of this will are
determined by the economical conditions your social class
create**

caracterul esenţial şi direcţia acestei voinţe sunt determinate
de condiţiile economice create de clasa socială
The selfish misconception that induces you to transform
social forms into eternal laws of nature and of reason
Concepţia greşită egoistă care te determină să transformi
formele sociale în legi eterne ale naturii şi raţiunii
the social forms springing from your present mode of
production and form of property
formele sociale care izvorăsc din modul vostru actual de
producţie şi forma de proprietate
historical relations that rise and disappear in the progress of
production
relaţii istorice care cresc şi dispar în progresul producţiei
this misconception you share with every ruling class that has
preceded you
Această concepţie greşită o împărtăşiţi cu fiecare clasă
conducătoare care v-a precedat
What you see clearly in the case of ancient property, what
you admit in the case of feudal property
Ceea ce vedeţi clar în cazul proprietăţii antice, ceea ce admiteţi
în cazul proprietăţii feudale
these things you are of course forbidden to admit in the case
of your own Bourgeoisie form of property
aceste lucruri sunteţi, desigur, interzis să le admiteţi în cazul
propriei forme de proprietate burgheză
Abolition of the family! Even the most radical flare up at
this infamous proposal of the Communists
Abolirea familiei! Chiar şi cei mai radicali se aprind la această
propunere infamă a comuniştilor
On what foundation is the present family, the Bourgeoisie
family, based?
Pe ce temelie se bazează familia actuală, familia burgheziei?
the foundation of the present family is based on capital and
private gain
Fondarea familiei actuale se bazează pe capital şi câştig privat

In its completely developed form this family exists only among the Bourgeoisie

În forma sa complet dezvoltată, această familie există doar în rândul burgheziei

this state of things finds its complement in the practical absence of the family among the proletarians

Această stare de lucruri îşi găseşte completarea în absenţa practică a familiei în rândul proletarilor

this state of things can be found in public prostitution

Această stare de lucruri poate fi găsită în prostituţia publică

The Bourgeoisie family will vanish as a matter of course when its complement vanishes

Familia burgheză va dispărea de la sine înţeles atunci când complementul său va dispărea

and both of these will will vanish with the vanishing of capital

şi ambele vor dispărea odată cu dispariţia capitalului

Do you charge us with wanting to stop the exploitation of children by their parents?

Ne acuzaţi că vrem să oprim exploatarea copiilor de către părinţii lor?

To this crime we plead guilty

Pentru această crimă pledăm vinovaţi

But, you will say, we destroy the most hallowed of relations, when we replace home education by social education

Dar, veţi spune, distrugem cele mai sfinte relaţii, atunci când înlocuim educaţia de acasă cu educaţia socială

is your education not also social? And is it not determined by the social conditions under which you educate?

Educaţia ta nu este şi socială? Şi nu este determinată de condiţiile sociale în care educaţi?

by the intervention, direct or indirect, of society, by means of schools, etc.

prin intervenţia, directă sau indirectă, a societăţii, prin intermediul şcolilor etc.

The Communists have not invented the intervention of society in education

Comuniștii nu au inventat intervenția societății în educație

they do but seek to alter the character of that intervention

ei nu fac decât să încerce să modifice caracterul acelei intervenții

and they seek to rescue education from the influence of the ruling class

și caută să salveze educația de influența clasei conducătoare

The Bourgeoisie talk of the hallowed co-relation of parent and child

Burghezia vorbește despre co-relația sfințită dintre părinte și copil

but this clap-trap about the family and education becomes all the more disgusting when we look at Modern Industry

dar această capcană despre familie și educație devine cu atât mai dezgustătoare când ne uităm la industria modernă

all family ties among the proletarians are torn asunder by modern industry

Toate legăturile de familie dintre proletari sunt sfâșiate de industria modernă

their children are transformed into simple articles of commerce and instruments of labour

copiii lor sunt transformați în simple articole de comerț și instrumente de muncă

But you Communists would create a community of women, screams the whole Bourgeoisie in chorus

Dar voi, comuniștii, ați crea o comunitate de femei, strigă în cor întreaga burghezie

The Bourgeoisie sees in his wife a mere instrument of production

Burghezia vede în soția sa un simplu instrument de producție

He hears that the instruments of production are to be exploited by all

El aude că instrumentele de producție trebuie exploatate de toți

and, naturally, he can come to no other conclusion than that
the lot of being common to all will likewise fall to women
şi, fireşte, nu poate ajunge la altă concluzie decât că soarta de a
fi comună tuturor va cădea şi femeilor
He has not even a suspicion that the real point is to do away
with the status of women as mere instruments of production
El nu are nici măcar o bănuială că adevăratul scop este
eliminarea statutului femeilor ca simple instrumente de
producţie
For the rest, nothing is more ridiculous than the virtuous
indignation of our Bourgeoisie at the community of women
În rest, nimic nu este mai ridicol decât indignarea virtuoasă a
burgheziei noastre faţă de comunitatea femeilor
they pretend it is to be openly and officially established by
the Communists
ei pretind că va fi înfiinţat în mod deschis şi oficial de
comunişti
The Communists have no need to introduce community of
women, it has existed almost from time immemorial
Comuniştii nu au nevoie să introducă comunitatea femeilor,
aceasta există aproape din timpuri imemoriale
Our Bourgeoisie are not content with having the wives and
daughters of their proletarians at their disposal
Burghezia noastră nu se mulţumeşte să aibă la dispoziţie
soţiile şi fiicele proletarilor lor
they take the greatest pleasure in seducing each other's
wives
Ei au cea mai mare plăcere în a-şi seduce soţiile unul altuia
and that is not even to speak of common prostitutes
şi asta ca să nu mai vorbim de prostituatele obişnuite
Bourgeoisie marriage is in reality a system of wives in
common
Căsătoria burgheză este în realitate un sistem de soţii în
comun
then there is one thing that the Communists might possibly
be reproached with

atunci există un lucru cu care comuniştilor li s-ar putea
reproşa
they desire to introduce an openly legalised community of
women
doresc să introducă o comunitate de femei legalizată în mod
deschis
rather than a hypocritically concealed community of women
mai degrabă decât o comunitate de femei ascunsă ipocrit
the community of women springing from the system of
production
comunitatea femeilor izvorâte din sistemul de producţie
abolish the system of production, and you abolish the
community of women
desfiinţează sistemul de producţie şi desfiinţezi comunitatea
femeilor
both public prostitution is abolished, and private
prostitution
atât prostituţia publică este abolită, cât şi prostituţia privată
The Communists are further more reproached with desiring
to abolish countries and nationality
Comuniştilor li se reproşează şi mai mult dorinţa de a
desfiinţa ţările şi naţionalităţile
The working men have no country, so we cannot take from
them what they have not got
Muncitorii nu au ţară, aşa că nu putem lua de la ei ceea ce nu
au
the proletariat must first of all acquire political supremacy
proletariatul trebuie mai întâi de toate să dobândească
supremaţia politică
the proletariat must rise to be the leading class of the nation
proletariatul trebuie să se ridice pentru a fi clasa conducătoare
a naţiunii
the proletariat must constitute itself the nation
proletariatul trebuie să se constituie el însuşi naţiunea
it is, so far, itself national, though not in the Bourgeoisie
sense of the word

este, până acum, ea însăși națională, deși nu în sensul burghez al cuvântului

National differences and antagonisms between peoples are daily more and more vanishing

Diferențele naționale și antagonismele dintre popoare dispar din ce în ce mai mult

owing to the development of the Bourgeoisie, to freedom of commerce, to the world-market

datorită dezvoltării burgheziei, libertății comerțului, pieței mondiale

to uniformity in the mode of production and in the conditions of life corresponding thereto

la uniformitatea modului de producție și a condițiilor de viață corespunzătoare acestuia

The supremacy of the proletariat will cause them to vanish still faster

Supremația proletariatului îi va face să dispară și mai repede

United action, of the leading civilised countries at least, is one of the first conditions for the emancipation of the proletariat

Acțiunea unită, cel puțin a țărilor civilizate conducătoare, este una dintre primele condiții pentru emanciparea proletariatului

In proportion as the exploitation of one individual by another is put an end to, the exploitation of one nation by another will also be put an end to

În măsura în care se pune capăt exploatării unui individ de către altul, exploatarea unei națiuni de către o altă națiune va înceta, de asemenea,

In proportion as the antagonism between classes within the nation vanishes, the hostility of one nation to another will come to an end

În măsura în care antagonismul dintre clasele din cadrul națiunii dispare, ostilitatea unei națiuni față de alta va lua sfârșit

The charges against Communism made from a religious, a philosophical, and, generally, from an ideological standpoint, are not deserving of serious examination

Acuzațiile împotriva comunismului făcute dintr-un punct de vedere religios, filozofic și, în general, ideologic, nu merită o examinare serioasă

Does it require deep intuition to comprehend that man's ideas, views and conceptions changes with every change in the conditions of his material existence?

Este nevoie de o intuiție profundă pentru a înțelege că ideile, vederile și concepțiile omului se schimbă cu fiecare schimbare a condițiilor existenței sale materiale?

is it not obvious that man's consciousness changes when his social relations and his social life changes?

Nu este evident că conștiința omului se schimbă atunci când relațiile sale sociale și viața sa socială se schimbă?

What else does the history of ideas prove, than that intellectual production changes its character in proportion as material production is changed?

Ce altceva dovedește istoria ideilor, decât că producția intelectuală își schimbă caracterul în măsura în care se schimbă producția materială?

The ruling ideas of each age have ever been the ideas of its ruling class

Ideile dominante ale fiecărei epoci au fost întotdeauna ideile clasei sale conducătoare

When people speak of ideas that revolutionise society, they do but express one fact

Când oamenii vorbesc despre idei care revoluționează societatea, ei nu fac decât să exprime un fapt

within the old society, the elements of a new one have been created

În cadrul vechii societăți, au fost create elementele uneia noi

and that the dissolution of the old ideas keeps even pace with the dissolution of the old conditions of existence

și că dizolvarea vechilor idei ține pasul cu dizolvarea vechilor condiții de existență

When the ancient world was in its last throes, the ancient religions were overcome by Christianity

Când lumea antică era în ultimele chinuri, religiile antice au fost învinse de creștinism

When Christian ideas succumbed in the 18th century to rationalist ideas, feudal society fought its death battle with the then revolutionary Bourgeoisie

Când ideile creștine au cedat în secolul al XVIII-lea în fața ideilor raționaliste, societatea feudală a dus lupta mortală cu burghezia revoluționară de atunci

The ideas of religious liberty and freedom of conscience merely gave expression to the sway of free competition within the domain of knowledge

Ideile de libertate religioasă și libertate de conștiință nu au făcut decât să exprime influența liberei concurențe în domeniul cunoașterii

"Undoubtedly," it will be said, "religious, moral, philosophical and juridical ideas have been modified in the course of historical development"

"Fără îndoială", se va spune, "ideile religioase, morale, filozofice și juridice au fost modificate în cursul dezvoltării istorice"

"But religion, morality philosophy, political science, and law, constantly survived this change"

"Dar religia, moralitatea, filozofia, științele politice și dreptul au supraviețuit în mod constant acestei schimbări"

"There are also eternal truths, such as Freedom, Justice, etc"

"Există și adevăruri eterne, cum ar fi libertatea, dreptatea etc."

"these eternal truths are common to all states of society"

"Aceste adevăruri eterne sunt comune tuturor stărilor societății"

"But Communism abolishes eternal truths, it abolishes all religion, and all morality"

"Dar comunismul desființează adevărurile eterne, desființează orice religie și orice moralitate"

"it does this instead of constituting them on a new basis"

"Face asta în loc să le constituie pe o bază nouă"

"it therefore acts in contradiction to all past historical experience"

"Prin urmare, acționează în contradicție cu toată experiența istorică trecută"

What does this accusation reduce itself to?

La ce se reduce această acuzație?

The history of all past society has consisted in the development of class antagonisms

Istoria întregii societăți trecute a constat în dezvoltarea antagonismelor de clasă

antagonisms that assumed different forms at different epochs

antagonisme care au luat forme diferite în diferite epoci

But whatever form they may have taken, one fact is common to all past ages

Dar oricare ar fi forma pe care au luat-o, un fapt este comun tuturor epocilor trecute

the exploitation of one part of society by the other

exploatarea unei părți a societății de către cealaltă

No wonder, then, that the social consciousness of past ages moves within certain common forms, or general ideas

Nu este de mirare, atunci, că conștiința socială a epocii trecute se mișcă în anumite forme comune sau idei generale

(and that is despite all the multiplicity and variety it displays)

(și asta în ciuda multiplicității și varietății pe care o afișează)

and these cannot completely vanish except with the total disappearance of class antagonisms

și acestea nu pot dispărea complet decât odată cu dispariția totală a antagonismelor de clasă

The Communist revolution is the most radical rupture with traditional property relations

Revoluția comunistă este cea mai radicală ruptură cu relațiile traditionale de proprietate

no wonder that its development involves the most radical rupture with traditional ideas

Nu este de mirare că dezvoltarea sa implică cea mai radicală ruptură cu ideile tradiționale

But let us have done with the Bourgeoisie objections to Communism

Dar să terminăm cu obiecțiile burgheziei față de comunism

We have seen above the first step in the revolution by the working class

Am văzut mai sus primul pas în revoluția clasei muncitoare

proletariat has to be raised to the position of ruling, to win the battle of democracy

proletariatul trebuie să fie ridicat la poziția de conducere, pentru a câștiga bătălia democrației

The proletariat will use its political supremacy to wrest, by degrees, all capital from the Bourgeoisie

Proletariatul își va folosi supremația politică pentru a smulge, treptat, tot capitalul de la burghezie

it will centralise all instruments of production in the hands of the State

va centraliza toate instrumentele de producție în mâinile statului

in other words, the proletariat organised as the ruling class

cu alte cuvinte, proletariatul organizat ca clasă conducătoare

and it will increase the total of productive forces as rapidly as possible

și va crește totalul forțelor de producție cât mai repede posibil

Of course, in the beginning, this cannot be effected except by means of despotic inroads on the rights of property

Desigur, la început, acest lucru nu poate fi realizat decât prin intermediul incursiunilor despotice asupra drepturilor de proprietate

and it has to be achieved on the conditions of Bourgeoisie production

și trebuie să fie realizat în condițiile producției burgheze

it is achieved by means of measures, therefore, which appear economically insufficient and untenable

prin urmare, se realizează prin intermediul unor măsuri care par insuficiente din punct de vedere economic și nesustenabile

but these means, in the course of the movement, outstrip themselves

dar aceste mijloace, în cursul mișcării, se depășesc

they necessitate further inroads upon the old social order

ele necesită noi incursiuni în vechea ordine socială

and they are unavoidable as a means of entirely revolutionising the mode of production

și sunt inevitabile ca mijloc de revoluționare completă a modului de producție

These measures will of course be different in different countries

Aceste măsuri vor fi, desigur, diferite în diferite țări

Nevertheless in the most advanced countries, the following will be pretty generally applicable

Cu toate acestea, în cele mai avansate țări, următoarele vor fi destul de general aplicabile

1. Abolition of property in land and application of all rents of land to public purposes.

1. Abolirea proprietății asupra terenurilor și aplicarea tuturor chiriilor de pământ în scopuri publice.

2. A heavy progressive or graduated income tax.

2. Un impozit pe venit progresiv sau progresiv puternic.

3. Abolition of all right of inheritance.

3. Abolirea oricărui drept de moștenire.

4. Confiscation of the property of all emigrants and rebels.

4. Confiscarea proprietăților tuturor emigranților și rebelilor.

5. Centralisation of credit in the hands of the State, by means of a national bank with State capital and an exclusive monopoly.

5. Centralizarea creditului în mâinile statului, prin intermediul unei bănci naționale cu capital de stat și monopol exclusiv.

6. Centralisation of the means of communication and transport in the hands of the State.

6. Centralizarea mijloacelor de comunicare și transport în mâinile statului.

7. Extension of factories and instruments of production owned by the State

7. Extinderea fabricilor și instrumentelor de producție deținute de stat

the bringing into cultivation of waste-lands, and the improvement of the soil generally in accordance with a common plan.

aducerea în cultivare a terenurilor pustii și îmbunătățirea solului în general în conformitate cu un plan comun.

8. Equal liability of all to labour

8. Răspunderea egală a tuturor față de muncă

Establishment of industrial armies, especially for agriculture.

Înființarea de armate industriale, în special pentru agricultură.

9. Combination of agriculture with manufacturing industries

9. Combinarea agriculturii cu industriile prelucrătoare

gradual abolition of the distinction between town and country, by a more equable distribution of the population over the country.

abolirea treptată a distincției dintre oraș și țară, printr-o distribuție mai echitabilă a populației în țară.

10. Free education for all children in public schools.

10. Educație gratuită pentru toți copiii din școlile publice.

Abolition of children's factory labour in its present form

Abolirea muncii copiilor în fabrici în forma sa actuală

Combination of education with industrial production

Combinarea educației cu producția industrială

When, in the course of development, class distinctions have disappeared

Când, în cursul dezvoltării, distincțiile de clasă au dispărut

and when all production has been concentrated in the hands of a vast association of the whole nation

și când toată producția a fost concentrată în mâinile unei vaste
asociații a întregii națiuni
then the public power will lose its political character
atunci puterea publică își va pierde caracterul politic
Political power, properly so called, is merely the organised
power of one class for oppressing another
Puterea politică, propriu-zisă așa, este doar puterea organizată
a unei clase pentru a asupri pe alta
If the proletariat during its contest with the Bourgeoisie is
compelled, by the force of circumstances, to organise itself
as a class
Dacă proletariatul în timpul luptei sale cu burghezia este
obligat, prin forța împrejurărilor, să se organizeze ca clasă
if, by means of a revolution, it makes itself the ruling class
dacă, prin intermediul unei revoluții, se face clasa
conducătoare
and, as such, it sweeps away by force the old conditions of
production
și, ca atare, mătură cu forța vechile condiții de producție
then it will, along with these conditions, have swept away
the conditions for the existence of class antagonisms and of
classes generally
atunci, împreună cu aceste condiții, va fi măturat condițiile
existenței antagonismelor de clasă și a claselor în general
and will thereby have abolished its own supremacy as a
class.
și astfel și-ar fi abolit propria supremație ca clasă.
In place of the old Bourgeoisie society, with its classes and
class antagonisms, we shall have an association
În locul vechii societăți burgheze, cu clasele și antagonismele
ei de clasă, vom avea o asociație
an association in which the free development of each is the
condition for the free development of all
o asociație în care libera dezvoltare a fiecăruia este condiția
pentru libera dezvoltare a tuturor

1) Reactionary Socialism
1) Socialismul reacționar

a) Feudal Socialism
a) Socialismul feudal

the aristocracies of France and England had a unique historical position
aristocrațiile din Franța și Anglia au avut o poziție istorică unică
it became their vocation to write pamphlets against modern Bourgeoisie society
a devenit vocația lor să scrie pamflete împotriva societății burgheze moderne
In the French revolution of July 1830, and in the English reform agitation
În revoluția franceză din iulie 1830 și în agitația reformei engleze
these aristocracies again succumbed to the hateful upstart
Aceste aristocrații au cedat din nou în fața urâtului parvenit
Thenceforth, a serious political contest was altogether out of the question
De atunci, o competiție politică serioasă a fost cu totul exclusă
All that remained possible was literary battle, not an actual battle
Tot ce a mai rămas posibil a fost o bătălie literară, nu o bătălie reală
But even in the domain of literature the old cries of the restoration period had become impossible
Dar chiar și în domeniul literaturii vechile strigăte ale perioadei restaurației deveniseră imposibile
In order to arouse sympathy, the aristocracy were obliged to lose sight, apparently, of their own interests
Pentru a stârni simpatie, aristocrația a fost obligată să piardă din vedere, aparent, propriile interese

and they were obliged to formulate their indictment against
the Bourgeoisie in the interest of the exploited working class
și au fost obligați să-și formuleze rechizitoriul împotriva
burgheziei în interesul clasei muncitoare exploatate
Thus the aristocracy took their revenge by singing lampoons
on their new master
Astfel, aristocrația s-a răzbunat cântând satiri la adresa noului
lor stăpân
and they took their revenge by whispering in his ears
sinister prophecies of coming catastrophe
și s-au răzbunat șoptindu-i la ureche profeții sinistre despre
catastrofa viitoare
In this way arose Feudal Socialism: half lamentation, half
lampoon
În acest fel a apărut socialismul feudal: jumătate plângere,
jumătate satirizare
it rung as half echo of the past, and projected half menace of
the future
sună ca jumătate ecou al trecutului și proiectează jumătate
amenințare a viitorului
at times, by its bitter, witty and incisive criticism, it struck
the Bourgeoisie to the very heart's core
uneori, prin critica sa amară, spirituală și incisivă, a lovit
burghezia până în adâncul inimii
but it was always ludicrous in its effect, through total
incapacity to comprehend the march of modern history
dar a fost întotdeauna ridicol în efectul său, din cauza
incapacității totale de a înțelege marșul istoriei moderne
The aristocracy, in order to rally the people to them, waved
the proletarian alms-bag in front for a banner
Aristocrația, pentru a aduna poporul în fața lor, a fluturat
sacul de pomană proletar în față pentru un steag
But the people, so often as it joined them, saw on their
hindquarters the old feudal coats of arms
Dar poporul, atât de des când i s-a alăturat, a văzut pe spatele
lor vechile steme feudale

and they deserted with loud and irreverent laughter
și au dezertat cu râsete zgomotoase și ireverențioase
One section of the French Legitimists and "Young England"
exhibited this spectacle
O secțiune a legitimiștilor francezi și a "Tânărăi Anglie" a
prezentat acest spectacol
the feudalists pointed out that their mode of exploitation
was different to that of the Bourgeoisie
feudaliștii au subliniat că modul lor de exploatare era diferit
de cel al burgheziei
the feudalists forget that they exploited under circumstances
and conditions that were quite different
feudaliștii uită că au exploatat în circumstanțe și condiții
destul de diferite
and they didn't notice such methods of exploitation are now
antiquated
și nu au observat că astfel de metode de exploatare sunt acum
învechite
they showed that, under their rule, the modern proletariat
never existed
Ei au arătat că, sub conducerea lor, proletariatul modern nu a
existat niciodată
but they forget that the modern Bourgeoisie is the necessary
offspring of their own form of society
dar ei uită că burghezia modernă este urmașul necesar al
propriei forme de societate
For the rest, they hardly conceal the reactionary character of
their criticism
În rest, ei cu greu ascund caracterul reacționar al criticii lor
their chief accusation against the Bourgeoisie amounts to the
following
acuzația lor principală împotriva burgheziei se ridică la
următoarea
under the Bourgeoisie regime a social class is being
developed
sub regimul burgheziei se dezvoltă o clasă socială

this social class is destined to cut up root and branch the old order of society

Această clasă socială este destinată să taie rădăcini și ramificații vechea ordine a societății

What they upbraid the Bourgeoisie with is not so much that it creates a proletariat

Ceea ce mustră burghezia nu este atât de mult că creează un proletariat

what they upbraid the Bourgeoisie with is moreso that it creates a revolutionary proletariat

ceea ce mustră burghezia este mai mult decât atât, încât creează un proletariat revoluționar

In political practice, therefore, they join in all coercive measures against the working class

Prin urmare, în practica politică, ei se alătură tuturor măsurilor coercitive împotriva clasei muncitoare

and in ordinary life, despite their highfalutin phrases, they stoop to pick up the golden apples dropped from the tree of industry

iar în viața obișnuită, în ciuda frazelor lor înalte, se apleacă să ridice merele de aur căzute din pomul industriei

and they barter truth, love, and honour for commerce in wool, beetroot-sugar, and potato spirits

și fac schimb de adevăr, dragoste și onoare pentru comerțul cu lână, zahăr de sfeclă roșie și rachiu de cartofi

As the parson has ever gone hand in hand with the landlord, so has Clerical Socialism with Feudal Socialism

Așa cum parohul a mers întotdeauna mână în mână cu proprietarul, la fel a făcut și socialismul clerical cu socialismul feudal

Nothing is easier than to give Christian asceticism a Socialist tinge

Nimic nu este mai ușor decât să dai ascetismului creștin o tentă socialistă

Has not Christianity declaimed against private property, against marriage, against the State?

Nu a declamat creştinismul împotriva proprietăţii private, împotriva căsătoriei, împotriva statului?

Has Christianity not preached in the place of these, charity and poverty?

Nu a predicat creştinismul în locul acestora, caritatea şi sărăcia?

Does Christianity not preach celibacy and mortification of the flesh, monastic life and Mother Church?

Creştinismul nu predică celibatul şi mortificarea cărnii, viaţa monahală şi Biserica-Mamă?

Christian Socialism is but the holy water with which the priest consecrates the heart-burnings of the aristocrat

Socialismul creştin nu este decât apa sfinţită cu care preotul sfinţeşte arsurile inimii aristocratului

b) Petty-Bourgeois Socialism
b) Socialismul mic-burghez

The feudal aristocracy was not the only class that was ruined by the Bourgeoisie
Aristocrația feudală nu a fost singura clasă care a fost ruinată de burghezie
it was not the only class whose conditions of existence pined and perished in the atmosphere of modern Bourgeoisie society
nu a fost singura clasă ale cărei condiții de existență tânjeau și piereau în atmosfera societății burgheze moderne
The medieval burgesses and the small peasant proprietors were the precursors of the modern Bourgeoisie
Burghezii medievali și micii țărani proprietari au fost precursorii burgheziei moderne
In those countries which are but little developed, industrially and commercially, these two classes still vegetate side by side
În acele țări puțin dezvoltate, din punct de vedere industrial și comercial, aceste două clase încă vegeta una lângă alta
and in the meantime the Bourgeoisie rise up next to them: industrially, commercially, and politically
și între timp burghezia se ridică lângă ei: industrial, comercial și politic
In countries where modern civilisation has become fully developed, a new class of petty Bourgeoisie has been formed
În țările în care civilizația modernă s-a dezvoltat pe deplin, s-a format o nouă clasă de mici burghezii
this new social class fluctuates between proletariat and Bourgeoisie
această nouă clasă socială fluctuează între proletariat și burghezie
and it is ever renewing itself as a supplementary part of Bourgeoisie society

și se reînnoiește mereu ca o parte suplimentară a societății
burgheze

**The individual members of this class, however, are being
constantly hurled down into the proletariat**

Membrii individuali ai acestei clase, totuși, sunt aruncați în
mod constant în proletariat

**they are sucked up by the proletariat through the action of
competition**

ei sunt absorbiți de proletariat prin acțiunea concurenței

**as modern industry develops they even see the moment
approaching when they will completely disappear as an
independent section of modern society**

Pe măsură ce industria modernă se dezvoltă, ei văd chiar că se
apropie momentul în care vor dispărea complet ca o secțiune
independentă a societății moderne

**they will be replaced, in manufactures, agriculture and
commerce, by overlookers, bailiffs and shopmen**

ei vor fi înlocuiți, în manufacturi, agricultură și comerț, de
supraveghetori, executori judecătorești și negustori

**In countries like France, where the peasants constitute far
more than half of the population**

În țări precum Franța, unde țăranii constituie mult mai mult
de jumătate din populație

**it was natural that there there are writers who sided with the
proletariat against the Bourgeoisie**

era firesc să existe scriitori care să fie de partea proletariatului
împotriva burgheziei

**in their criticism of the Bourgeoisie regime they used the
standard of the peasant and petty Bourgeoisie**

în critica lor la adresa regimului burgheziei, ei au folosit
standardul țăranului și al micii burghezii

**and from the standpoint of these intermediate classes they
take up the cudgels for the working class**

și din punctul de vedere al acestor clase intermediare, ei iau
bâtele pentru clasa muncitoare

Thus arose petty-Bourgeoisie Socialism, of which Sismondi
was the head of this school, not only in France but also in
England
Astfel a apărut socialismul mic-burghezian, al cărui
conducător era Sismondi al acestei şcoli, nu numai în Franţa, ci
şi în Anglia
This school of Socialism dissected with great acuteness the
contradictions in the conditions of modern production
Această şcoală de socialism a disecat cu mare acuitate
contradicţiile din condiţiile producţiei moderne
This school laid bare the hypocritical apologies of
economists
Această şcoală a dezvăluit scuzele ipocrite ale economiştilor
This school proved, incontrovertibly, the disastrous effects
of machinery and division of labour
Această şcoală a dovedit, în mod incontestabil, efectele
dezastruoase ale maşinilor şi diviziunii muncii
it proved the concentration of capital and land in a few
hands
A dovedit concentrarea capitalului şi a pământului în câteva
mâini
it proved how overproduction leads to Bourgeoisie crises
a dovedit cum supraproducţia duce la crize burgheze
it pointed out the inevitable ruin of the petty Bourgeoisie
and peasant
ea a arătat ruina inevitabilă a micii burghezii şi a ţăranilor
the misery of the proletariat, the anarchy in production, the
crying inequalities in the distribution of wealth
mizeria proletariatului, anarhia în producţie, inegalităţile
stridente în distribuţia bogăţiei
it showed how the system of production leads the industrial
war of extermination between nations
A arătat cum sistemul de producţie conduce războiul
industrial de exterminare între naţiuni
the dissolution of old moral bonds, of the old family
relations, of the old nationalities

dizolvarea vechilor legături morale, a vechilor relații de
familie, a vechilor naționalități

**In its positive aims, however, this form of Socialism aspires
to achieve one of two things**
În scopurile sale pozitive, totuși, această formă de socialism
aspiră să realizeze unul din două lucruri

**either it aims to restore the old means of production and of
exchange**
fie urmărește să restabilească vechile mijloace de producție și
de schimb

**and with the old means of production it would restore the
old property relations, and the old society**
și cu vechile mijloace de producție ar restabili vechile relații de
proprietate și vechea societate

**or it aims to cramp the modern means of production and
exchange into the old framework of the property relations**
sau urmărește să înghesuie mijloacele moderne de producție și
schimb în vechiul cadru al relațiilor de proprietate

In either case, it is both reactionary and Utopian
În ambele cazuri, este atât reacționară, cât și utopică

**Its last words are: corporate guilds for manufacture,
patriarchal relations in agriculture**
Ultimele sale cuvinte sunt: bresle corporatiste pentru
producție, relații patriarhale în agricultură

**Ultimately, when stubborn historical facts had dispersed all
intoxicating effects of self-deception**
În cele din urmă, când faptele istorice încăpățânate au
dispersat toate efectele îmbătătoare ale autoamăgirii

this form of Socialism ended in a miserable fit of pity
această formă de socialism s-a încheiat într-o mizerabilă criză
de milă

c) German, or "True," Socialism
c) Socialismul german sau "adevărat"

The Socialist and Communist literature of France originated under the pressure of a Bourgeoisie in power
Literatura socialistă și comunistă din Franța a apărut sub presiunea unei burghezii la putere
and this literature was the expression of the struggle against this power
și această literatură a fost expresia luptei împotriva acestei puteri
it was introduced into Germany at a time when the Bourgeoisie had just begun its contest with feudal absolutism
a fost introdus în Germania într-un moment în care burghezia tocmai începuse lupta cu absolutismul feudal
German philosophers, would-be philosophers, and beaux esprits, eagerly seized on this literature
Filozofii germani, potențialii filozofi și beaux esprits, au profitat cu nerăbdare de această literatură
but they forgot that the writings immigrated from France into Germany without bringing the French social conditions along
dar au uitat că scrierile au emigrat din Franța în Germania fără a aduce condițiile sociale franceze
In contact with German social conditions, this French literature lost all its immediate practical significance
În contact cu condițiile sociale germane, această literatură franceză și-a pierdut toată semnificația practică imediată
and the Communist literature of France assumed a purely literary aspect in German academic circles
iar literatura comunistă din Franța a căpătat un aspect pur literar în cercurile academice germane
Thus, the demands of the first French Revolution were nothing more than the demands of "Practical Reason"

Astfel, cererile primei Revoluții Franceze nu au fost altceva decât cerințele "rațiunii practice"
and the utterance of the will of the revolutionary French Bourgeoisie signified in their eyes the law of pure Will
iar rostirea voinței burgheziei franceze revoluționare semnifica în ochii lor legea voinței pure
it signified Will as it was bound to be; of true human Will generally
însemna Will așa cum trebuia să fie; de adevărata voință umană în general
The world of the German literati consisted solely in bringing the new French ideas into harmony with their ancient philosophical conscience
Lumea literaților germani a constat numai în a aduce noile idei franceze în armonie cu conștiința lor filozofică antică
or rather, they annexed the French ideas without deserting their own philosophic point of view
sau mai degrabă, au anexat ideile franceze fără a-și părăsi propriul punct de vedere filozofic
This annexation took place in the same way in which a foreign language is appropriated, namely, by translation
Această anexare a avut loc în același mod în care se însușește o limbă străină, și anume, prin traducere
It is well known how the monks wrote silly lives of Catholic Saints over manuscripts
Este bine cunoscut cum călugării au scris vieți prostești ale sfinților catolici peste manuscrise
the manuscripts on which the classical works of ancient heathendom had been written
manuscrisele pe care fuseseră scrise lucrările clasice ale păgânismului antic
The German literati reversed this process with the profane French literature
Literații germani au inversat acest proces cu literatura franceză profană

They wrote their philosophical nonsense beneath the French original

Şi-au scris prostiile filozofice sub originalul francez

For instance, beneath the French criticism of the economic functions of money, they wrote "Alienation of Humanity"

De exemplu, sub critica franceză a funcţiilor economice ale banilor, ei au scris "Alienarea umanităţii"

beneath the French criticism of the Bourgeoisie State they wrote "dethronement of the Category of the General"

sub critica franceză a statului burghez, ei au scris "detronarea categoriei generalului"

The introduction of these philosophical phrases at the back of the French historical criticisms they dubbed:

Introducerea acestor fraze filozofice în spatele criticilor istorice franceze pe care le-au numit:

"Philosophy of Action," "True Socialism," "German Science of Socialism," "Philosophical Foundation of Socialism," and so on

"Filosofia acţiunii", "Adevăratul socialism", "Ştiinţa germană a socialismului", "Fundamentul filosofic al socialismului" şi aşa mai departe

The French Socialist and Communist literature was thus completely emasculated

Literatura socialistă şi comunistă franceză a fost astfel complet emasculată

in the hands of the German philosophers it ceased to express the struggle of one class with the other

în mâinile filozofilor germani a încetat să mai exprime lupta unei clase cu cealaltă

and so the German philosophers felt conscious of having overcome "French one-sidedness"

şi astfel filozofii germani s-au simţit conştienţi că au depăşit "unilateralitatea franceză"

it did not have to represent true requirements, rather, it represented requirements of truth

nu trebuia să reprezinte cerinţe adevărate, ci mai degrabă reprezenta cerinţe ale adevărului

there was no interest in the proletariat, rather, there was interest in Human Nature

nu a existat niciun interes pentru proletariat, mai degrabă a existat interes pentru natura umană

the interest was in Man in general, who belongs to no class, and has no reality

interesul era pentru om în general, care nu aparţine niciunei clase şi nu are realitate

a man who exists only in the misty realm of philosophical fantasy

un om care există doar în tărâmul ceţos al fanteziei filozofice

but eventually this schoolboy German Socialism also lost its pedantic innocence

dar în cele din urmă acest socialism german şi-a pierdut şi inocenţa pedantă

the German Bourgeoisie, and especially the Prussian Bourgeoisie fought against feudal aristocracy

burghezia germană, şi în special burghezia prusacă a luptat împotriva aristocraţiei feudale

the absolute monarchy of Germany and Prussia was also being faught against

monarhia absolută a Germaniei şi Prusiei a fost de asemenea luptată împotriva

and in turn, the literature of the liberal movement also became more earnest

şi, la rândul său, literatura mişcării liberale a devenit şi ea mai serioasă

Germany's long wished-for opportunity for "true" Socialism was offered

S-a oferit oportunitatea mult dorită de Germania pentru socialismul "adevărat"

the opportunity of confronting the political movement with the Socialist demands

oportunitatea de a confrunta mișcarea politică cu cererile socialiste

the opportunity of hurling the traditional anathemas against liberalism

oportunitatea de a arunca anatemele tradiționale împotriva liberalismului

the opportunity to attack representative government and Bourgeoisie competition

oportunitatea de a ataca guvernul reprezentativ și concurența burgheză

Bourgeoisie freedom of the press, Bourgeoisie legislation, Bourgeoisie liberty and equality

Libertatea presei burgheziei, legislația burgheziei, libertatea și egalitatea burgheziei

all of these could now be critiqued in the real world, rather than in fantasy

toate acestea ar putea fi acum criticate în lumea reală, mai degrabă decât în fantezie

feudal aristocracy and absolute monarchy had long preached to the masses

aristocrația feudală și monarhia absolută predicaseră de mult timp maselor

"the working man has nothing to lose, and he has everything to gain"

"Muncitorul nu are nimic de pierdut și are totul de câștigat"

the Bourgeoisie movement also offered a chance to confront these platitudes

mișcarea burgheză a oferit, de asemenea, o șansă de a se confrunta cu aceste platitudini

the French criticism presupposed the existence of modern Bourgeoisie society

critica franceză presupunea existența unei societăți burgheze moderne

Bourgeoisie economic conditions of existence and Bourgeoisie political constitution

Condiţiile economice de existenţă ale burgheziei şi constituţia
politică a burgheziei
**the very things whose attainment was the object of the
pending struggle in Germany**
chiar lucrurile a căror realizare a fost obiectul luptei în curs
din Germania
**Germany's silly echo of socialism abandoned these goals
just in the nick of time**
Ecoul prostesc al socialismului din Germania a abandonat
aceste obiective chiar la timp
**the absolute governments had their following of parsons,
professors, country squires and officials**
Guvernele absolute aveau adepţii lor de preoţi, profesori,
scutieri de ţară şi funcţionari
**the government of the time met the German working-class
risings with floggings and bullets**
guvernul vremii a întâmpinat revoltele clasei muncitoare
germane cu biciuiri şi gloanţe
**for them this socialism served as a welcome scarecrow
against the threatening Bourgeoisie**
pentru ei, acest socialism a servit ca o sperietoare binevenită
împotriva burgheziei ameninţătoare
**and the German government was able to offer a sweet
dessert after the bitter pills it handed out**
iar guvernul german a reuşit să ofere un desert dulce după
pastilele amare pe care le-a distribuit
**this "True" Socialism thus served the governments as a
weapon for fighting the German Bourgeoisie**
acest socialism "adevărat" a servit astfel guvernelor ca armă de
luptă împotriva burgheziei germane
**and, at the same time, it directly represented a reactionary
interest; that of the German Philistines**
şi, în acelaşi timp, reprezenta în mod direct un interes
reacţionar; cea a filistenilor germani
**In Germany the petty Bourgeoisie class is the real social
basis of the existing state of things**

În Germania, clasa mică-burgheză este adevărata bază socială a stării de lucruri existente

a relique of the sixteenth century that has constantly been cropping up under various forms

o relicvă a secolului al XVI-lea care a apărut constant sub diferite forme

To preserve this class is to preserve the existing state of things in Germany

A păstra această clasă înseamnă a păstra starea de lucruri existentă în Germania

The industrial and political supremacy of the Bourgeoisie threatens the petty Bourgeoisie with certain destruction

Supremația industrială și politică a burgheziei amenință mica burghezie cu distrugeri sigure

on the one hand, it threatens to destroy the petty Bourgeoisie through the concentration of capital

pe de o parte, amenință să distrugă mica burghezie prin concentrarea capitalului

on the other hand, the Bourgeoisie threatens to destroy it through the rise of a revolutionary proletariat

pe de altă parte, burghezia amenință să-l distrugă prin ascensiunea unui proletariat revoluționar

"True" Socialism appeared to kill these two birds with one stone. It spread like an epidemic

Socialismul "adevărat" părea să omoare acești doi păsări dintr-o lovitură. S-a răspândit ca o epidemie

The robe of speculative cobwebs, embroidered with flowers of rhetoric, steeped in the dew of sickly sentiment

Roba de pânze de păianjen speculative, brodată cu flori de retorică, cufundată în roua sentimentelor bolnăvicioase

this transcendental robe in which the German Socialists wrapped their sorry "eternal truths"

această haină transcendentală în care socialiștii germani și-au înfășurat tristele "adevăruri eterne"

all skin and bone, served to wonderfully increase the sale of their goods amongst such a public

toate pielea şi oasele, au servit pentru a creşte minunat vânzarea mărfurilor lor în rândul unui astfel de public

And on its part, German Socialism recognised, more and more, its own calling

Şi, la rândul său, socialismul german şi-a recunoscut, din ce în ce mai mult, propria sa chemare

it was called to be the bombastic representative of the petty-Bourgeoisie Philistine

a fost chemat să fie reprezentantul bombastic al filisteanului mic-burghez

It proclaimed the German nation to be the model nation, and German petty Philistine the model man

A proclamat naţiunea germană ca naţiune model, iar micul filistean german omul model

To every villainous meanness of this model man it gave a hidden, higher, Socialistic interpretation

Fiecărei răutăcii ticăloase a acestui om model îi dădea o interpretare socialistă ascunsă, superioară,

this higher, Socialistic interpretation was the exact contrary of its real character

această interpretare socialistă superioară era exact opusul caracterului său real

It went to the extreme length of directly opposing the "brutally destructive" tendency of Communism

A mers până la extrema de a se opune direct tendinţei "brutal distructive" a comunismului

and it proclaimed its supreme and impartial contempt of all class struggles

şi şi-a proclamat dispreţul suprem şi imparţial faţă de toate luptele de clasă

With very few exceptions, all the so-called Socialist and Communist publications that now (1847) circulate in Germany belong to the domain of this foul and enervating literature

Cu foarte puține excepții, toate așa-numitele publicații
socialiste și comuniste care circulă acum (1847) în Germania
aparțin domeniului acestei literaturi murdare și enervante

2) Conservative Socialism, or Bourgeoisie Socialism
2) Socialismul conservator sau socialismul burghez

**A part of the Bourgeoisie is desirous of redressing social
grievances**
O parte a burgheziei dorește să repare nemulțumirile sociale
**in order to secure the continued existence of Bourgeoisie
society**
pentru a asigura existența continuă a societății burgheze
**To this section belong economists, philanthropists,
humanitarians**
Acestei secțiuni aparțin economiști, filantropi, umanitari
**improvers of the condition of the working class and
organisers of charity**
îmbunătățitori ai situației clasei muncitoare și organizatori de
caritate
members of societies for the prevention of cruelty to animals
membri ai societăților pentru prevenirea cruzimii față de
animale
**temperance fanatics, hole-and-corner reformers of every
imaginable kind**
fanatici ai temperanței, reformatori de orice fel imaginabil
**This form of Socialism has, moreover, been worked out into
complete systems**
Această formă de socialism a fost, în plus, elaborată în sisteme
complete
**We may cite Proudhon's "Philosophie de la Misère" as an
example of this form**
Putem cita "Philosophie de la Misère" a lui Proudhon ca
exemplu al acestei forme

The Socialistic Bourgeoisie want all the advantages of modern social conditions

Burghezia socialistă vrea toate avantajele condițiilor sociale moderne

but the Socialistic Bourgeoisie don't necessarily want the resulting struggles and dangers

dar burghezia socialistă nu vrea neapărat luptele și pericolele rezultate

They desire the existing state of society, minus its revolutionary and disintegrating elements

Ei doresc starea existentă a societății, fără elementele ei revoluționare și dezintegratoare

in other words, they wish for a Bourgeoisie without a proletariat

cu alte cuvinte, ei doresc o burghezie fără proletariat

The Bourgeoisie naturally conceives the world in which it is supreme to be the best

Burghezia concepe în mod natural lumea în care este suprem să fie cel mai bun

and Bourgeoisie Socialism develops this comfortable conception into various more or less complete systems

iar socialismul burghez dezvoltă această concepție confortabilă în diferite sisteme mai mult sau mai puțin complete

they would very much like the proletariat to march straightway into the social New Jerusalem

ar dori foarte mult ca proletariatul să mărșăluiască imediat în Noul Ierusalim social

but in reality it requires the proletariat to remain within the bounds of existing society

dar în realitate cere proletariatului să rămână în limitele societății existente

they ask the proletariat to cast away all their hateful ideas concerning the Bourgeoisie

ei cer proletariatului să renunțe la toate ideile lor pline de ură cu privire la burghezie

there is a second more practical, but less systematic, form of this Socialism

există o a doua formă mai practică, dar mai puțin sistematică, a acestui socialism

this form of socialism sought to depreciate every revolutionary movement in the eyes of the working class

Această formă de socialism a căutat să depreciere orice mișcare revoluționară în ochii clasei muncitoare

they argue no mere political reform could be of any advantage to them

Ei susțin că nicio simplă reformă politică nu le-ar putea aduce vreun avantaj

only a change in the material conditions of existence in economic relations are of benefit

numai o schimbare a condițiilor materiale de existență în relațiile economice este benefică

like communism, this form of socialism advocates for a change in the material conditions of existence

Ca și comunismul, această formă de socialism pledează pentru o schimbare a condițiilor materiale de existență

however, this form of socialism by no means suggests the abolition of the Bourgeoisie relations of production

cu toate acestea, această formă de socialism nu sugerează în niciun caz abolirea relațiilor de producție burgheze

the abolition of the Bourgeoisie relations of production can only be achieved through a revolution

abolirea relațiilor de producție ale burgheziei nu poate fi realizată decât printr-o revoluție

but instead of a revolution, this form of socialism suggests administrative reforms

Dar în loc de o revoluție, această formă de socialism sugerează reforme administrative

and these administrative reforms would be based on the continued existence of these relations

iar aceste reforme administrative s-ar baza pe existența continuă a acestor relații

reforms, therefore, that in no respect affect the relations between capital and labour

reforme, prin urmare, care nu afectează în niciun fel relațiile dintre capital și muncă

at best, such reforms lessen the cost and simplify the administrative work of Bourgeoisie government

în cel mai bun caz, astfel de reforme reduc costurile și simplifică munca administrativă a guvernului burghez

Bourgeois Socialism attains adequate expression, when, and only when, it becomes a mere figure of speech

Socialismul burghez atinge o expresie adecvată, atunci când și numai atunci când devine o simplă figură de stil

Free trade: for the benefit of the working class

Comerțul liber: în beneficiul clasei muncitoare

Protective duties: for the benefit of the working class

Îndatoriri de protecție: în beneficiul clasei muncitoare

Prison Reform: for the benefit of the working class

Reforma penitenciarelor: în beneficiul clasei muncitoare

This is the last word and the only seriously meant word of Bourgeoisie Socialism

Acesta este ultimul cuvânt și singurul cuvânt serios al socialismului burghez

It is summed up in the phrase: the Bourgeoisie is a Bourgeoisie for the benefit of the working class

Este rezumat în fraza: Burghezia este o burghezie în beneficiul clasei muncitoare

3) Critical-Utopian Socialism and Communism
3) Socialismul critic-utopic și comunismul

We do not here refer to that literature which has always given voice to the demands of the proletariat
Nu ne referim aici la acea literatură care a dat întotdeauna glas revendicărilor proletariatului
this has been present in every great modern revolution, such as the writings of Babeuf and others
acest lucru a fost prezent în fiecare mare revoluție modernă, cum ar fi scrierile lui Babeuf și ale altora
The first direct attempts of the proletariat to attain its own ends necessarily failed
Primele încercări directe ale proletariatului de a-și atinge propriile scopuri au eșuat în mod necesar
these attempts were made in times of universal excitement, when feudal society was being overthrown
Aceste încercări au fost făcute în vremuri de agitație universală, când societatea feudală era răsturnată
the then undeveloped state of the proletariat led to those attempts failing
Starea atunci nedezvoltată a proletariatului a dus la eșecul acestor încercări
and they failed due to the absence of the economic conditions for its emancipation
și au eșuat din cauza absenței condițiilor economice pentru emanciparea sa
conditions that had yet to be produced, and could be produced by the impending Bourgeoisie epoch alone
condiții care nu fuseseră încă produse și puteau fi produse numai de epoca burgheză iminentă
The revolutionary literature that accompanied these first movements of the proletariat had necessarily a reactionary character
Literatura revoluționară care a însoțit aceste prime mișcări ale proletariatului a avut în mod necesar un caracter reacționar

This literature inculcated universal asceticism and social levelling in its crudest form
Această literatură a inculcat ascetismul universal și nivelarea socială în forma sa cea mai crudă

The Socialist and Communist systems, properly so called, spring into existence in the early undeveloped period
Sistemele socialiste și comuniste, propriu-zise așa, apar în perioada timpurie nedezvoltată

Saint-Simon, Fourier, Owen and others, described the struggle between proletariat and Bourgeoisie (see Section 1)
Saint-Simon, Fourier, Owen și alții au descris lupta dintre proletariat și burghezie (vezi secțiunea 1)

The founders of these systems see, indeed, the class antagonisms
Fondatorii acestor sisteme văd, într-adevăr, antagonismele de clasă

they also see the action of the decomposing elements, in the prevailing form of society
De asemenea, ei văd acțiunea elementelor în descompunere, în forma predominantă a societății

But the proletariat, as yet in its infancy, offers to them the spectacle of a class without any historical initiative
Dar proletariatul, încă la început, le oferă spectacolul unei clase fără inițiativă istorică

they see the spectacle of a social class without any independent political movement
ei văd spectacolul unei clase sociale fără nicio mișcare politică independentă

the development of class antagonism keeps even pace with the development of industry
dezvoltarea antagonismului de clasă ține pasul cu dezvoltarea industriei

so the economic situation does not as yet offer to them the material conditions for the emancipation of the proletariat
deci situația economică nu le oferă încă condițiile materiale pentru emanciparea proletariatului

They therefore search after a new social science, after new social laws, that are to create these conditions
Prin urmare, ei caută o nouă știință socială, noi legi sociale, care să creeze aceste condiții
historical action is to yield to their personal inventive action
acțiunea istorică este să cedeze acțiunii lor inventive personale
historically created conditions of emancipation are to yield to fantastic conditions
condițiile de emancipare create istoric trebuie să cedeze condițiilor fantastice
and the gradual, spontaneous class-organisation of the proletariat is to yield to the organisation of society
iar organizarea de clasă treptată, spontană a proletariatului trebuie să cedeze în fața organizării societății
the organisation of society specially contrived by these inventors
organizarea societății special concepută de acești inventatori
Future history resolves itself, in their eyes, into the propaganda and the practical carrying out of their social plans
Istoria viitoare se rezolvă, în ochii lor, în propaganda și realizarea practică a planurilor lor sociale
In the formation of their plans they are conscious of caring chiefly for the interests of the working class
În formarea planurilor lor, ei sunt conștienți că se îngrijesc în principal de interesele clasei muncitoare
Only from the point of view of being the most suffering class does the proletariat exist for them
Doar din punctul de vedere al clasei cele mai suferinde există proletariatul pentru ei
The undeveloped state of the class struggle and their own surroundings inform their opinions
Starea nedezvoltată a luptei de clasă și propriul lor mediu le informează opiniile
Socialists of this kind consider themselves far superior to all class antagonisms

Socialiştii de acest fel se consideră cu mult superiori tuturor
antagonismelor de clasă
**They want to improve the condition of every member of
society, even that of the most favoured**
Ei vor să îmbunătăţească starea fiecărui membru al societăţii,
chiar şi a celor mai favorizaţi
**Hence, they habitually appeal to society at large, without
distinction of class**
Prin urmare, ei fac apel în mod obişnuit la societate în general,
fără deosebire de clasă
**nay, they appeal to society at large by preference to the
ruling class**
ba mai mult, ele atrag societatea în general prin preferinţă
clasei conducătoare
**to them, all it requires is for others to understand their
system**
Pentru ei, tot ce trebuie este ca alţii să le înţeleagă sistemul
**because how can people fail to see that the best possible
plan is for the best possible state of society?**
Pentru că cum pot oamenii să nu vadă că cel mai bun plan
posibil este pentru cea mai bună stare posibilă a societăţii?
**Hence, they reject all political, and especially all
revolutionary, action**
Prin urmare, ei resping orice acţiune politică, şi mai ales orice
acţiune revoluţionară
they wish to attain their ends by peaceful means
ei doresc să-şi atingă scopurile prin mijloace paşnice
**they endeavour, by small experiments, which are necessarily
doomed to failure**
ei se străduiesc, prin mici experimente, care sunt în mod
necesar sortite eşecului
**and by the force of example they try to pave the way for the
new social Gospel**
şi prin forţa exemplului încearcă să deschidă calea pentru
noua Evanghelie socială

Such fantastic pictures of future society, painted at a time when the proletariat is still in a very undeveloped state

Astfel de tablouri fantastice ale societății viitoare, pictate într-un moment în care proletariatul este încă într-o stare foarte nedezvoltată

and it still has but a fantastical conception of its own position

și încă nu are decât o concepție fantastică a propriei poziții

but their first instinctive yearnings correspond with the yearnings of the proletariat

dar primele lor dorințe instinctive corespund cu dorințele proletariatului

both yearn for a general reconstruction of society

Ambii tânjesc după o reconstrucție generală a societății

But these Socialist and Communist publications also contain a critical element

Dar aceste publicații socialiste și comuniste conțin și un element critic

They attack every principle of existing society

Ei atacă fiecare principiu al societății existente

Hence they are full of the most valuable materials for the enlightenment of the working class

Prin urmare, ele sunt pline de cele mai valoroase materiale pentru iluminarea clasei muncitoare

they propose abolition of the distinction between town and country, and the family

ei propun abolirea distincției dintre oraș și țară și familie

the abolition of the carrying on of industries for the account of private individuals

desființarea desfășurării de industrii în contul persoanelor fizice

and the abolition of the wage system and the proclamation of social harmony

și abolirea sistemului de salarizare și proclamarea armoniei sociale

the conversion of the functions of the State into a mere superintendence of production

transformarea funcțiilor statului într-o simplă superintendență a producției

all these proposals, point solely to the disappearance of class antagonisms

Toate aceste propuneri indică doar dispariția antagonismelor de clasă

class antagonisms were, at that time, only just cropping up

antagonismele de clasă abia apăreau la acea vreme

in these publications these class antagonisms are recognised in their earliest, indistinct and undefined forms only

În aceste publicații aceste antagonisme de clasă sunt recunoscute doar în formele lor cele mai timpurii, indistincte și nedefinite

These proposals, therefore, are of a purely Utopian character

Aceste propuneri, prin urmare, au un caracter pur utopic

The significance of Critical-Utopian Socialism and Communism bears an inverse relation to historical development

Semnificația socialismului critic-utopic și a comunismului are o relație inversă cu dezvoltarea istorică

the modern class struggle will develop and continue to take definite shape

Lupta de clasă modernă se va dezvolta și va continua să prindă o formă clară

this fantastic standing from the contest will lose all practical value

Această poziție fantastică din concurs își va pierde orice valoare practică

these fantastic attacks on class antagonisms will lose all theoretical justification

Aceste atacuri fantastice asupra antagonismelor de clasă vor pierde orice justificare teoretică

the originators of these systems were, in many respects, revolutionary

Inițiatorii acestor sisteme au fost, în multe privințe, revoluționari

but their disciples have, in every case, formed mere reactionary sects

dar discipolii lor au format, în toate cazurile, simple secte reacționare

They hold tightly to the original views of their masters

Ei se țin strâns de opiniile originale ale stăpânilor lor

but these views are in opposition to the progressive historical development of the proletariat

dar aceste opinii sunt în opoziție cu dezvoltarea istorică progresivă a proletariatului

They, therefore, endeavour, and that consistently, to deaden the class struggle

Prin urmare, ei se străduiesc, și asta în mod constant, să atenueze lupta de clasă

and they consistently endeavour to reconcile the class antagonisms

și se străduiesc în mod constant să reconcilieze antagonismele de clasă

They still dream of experimental realisation of their social Utopias

Ei încă visează la realizarea experimentală a utopiilor lor sociale

they still dream of founding isolated "phalansteres" and establishing "Home Colonies"

ei încă visează să fondeze "falansteri" izolați și să înființeze "colonii de origine"

they dream of setting up a "Little Icaria"—duodecimo editions of the New Jerusalem

ei visează să înființeze o "Mică Icaria" – ediții duodecimo ale Noului Ierusalim

and they dream to realise all these castles in the air

și visează să realizeze toate aceste castele în aer

they are compelled to appeal to the feelings and purses of the bourgeois

ei sunt obligați să apeleze la sentimentele și pungile
burgheziei

**By degrees they sink into the category of the reactionary
conservative Socialists depicted above**

Treptat, ei se scufundă în categoria socialiștilor conservatori
reacționari descrisă mai sus

they differ from these only by more systematic pedantry

ele diferă de acestea doar prin pedanterie mai sistematică

**and they differ by their fanatical and superstitious belief in
the miraculous effects of their social science**

și diferă prin credința lor fanatică și superstițioasă în efectele
miraculoase ale științei lor sociale

**They, therefore, violently oppose all political action on the
part of the working class**

Prin urmare, ei se opun violent oricărei acțiuni politice din
partea clasei muncitoare

**such action, according to them, can only result from blind
unbelief in the new Gospel**

o astfel de acțiune, potrivit lor, nu poate rezulta decât din
necredința oarbă în noua Evanghelie

**The Owenites in England, and the Fourierists in France,
respectively, oppose the Chartists and the "Réformistes"**

Oweniții din Anglia și, respectiv, fourieriștii din Franța se
opun cartiștilor și "reformierilor"

Position of the Communists in Relation to the Various Existing Opposision Parties

Poziția comuniștilor în raport cu diferitele partide de opoziție existente

Section II has made clear the relations of the Communists to the existing working-class parties

Secțiunea a II-a a clarificat relațiile comuniștilor cu partidele muncitorești existente

such as the Chartists in England, and the Agrarian Reformers in America

cum ar fi cartiștii din Anglia și reformatorii agrari din America

The Communists fight for the attainment of the immediate aims

Comuniștii luptă pentru atingerea scopurilor imediate

they fight for the enforcement of the momentary interests of the working class

ei luptă pentru impunerea intereselor de moment ale clasei muncitoare

but in the political movement of the present, they also represent and take care of the future of that movement

Dar în mișcarea politică a prezentului, ei reprezintă și au grijă de viitorul acelei mișcări

In France the Communists ally themselves with the Social-Democrats

În Franța, comuniștii se aliază cu social-democrații

and they position themselves against the conservative and radical Bourgeoisie

și se poziționează împotriva burgheziei conservatoare și radicale

however, they reserve the right to take up a critical position in regard to phrases and illusions traditionally handed down from the great Revolution

cu toate acestea, își rezervă dreptul de a adopta o poziție critică în ceea ce privește frazele și iluziile transmise în mod tradițional de la marea Revoluție

In Switzerland they support the Radicals, without losing sight of the fact that this party consists of antagonistic elements

În Elveția îi susțin pe radicali, fără a pierde din vedere faptul că acest partid este format din elemente antagonice

partly of Democratic Socialists, in the French sense, partly of radical Bourgeoisie

parțial din socialiștii democrați, în sensul francez, parțial din burghezia radicală

In Poland they support the party that insists on an agrarian revolution as the prime condition for national emancipation

În Polonia ei susțin partidul care insistă asupra unei revoluții agrare ca condiție principală pentru emanciparea națională

that party which fomented the insurrection of Cracow in 1846

partidul care a instigat la insurecția de la Cracovia în 1846

In Germany they fight with the Bourgeoisie whenever it acts in a revolutionary way

În Germania se luptă cu burghezia ori de câte ori aceasta acționează într-un mod revoluționar

against the absolute monarchy, the feudal squirearchy, and the petty Bourgeoisie

împotriva monarhiei absolute, a scutieriei feudale și a micii burghezii

But they never cease, for a single instant, to instil into the working class one particular idea

Dar ei nu încetează niciodată, nici măcar o clipă, să insufle clasei muncitoare o idee particulară

the clearest possible recognition of the hostile antagonism between Bourgeoisie and proletariat

cea mai clară recunoaștere posibilă a antagonismului ostil dintre burghezie și proletariat

so that the German workers may straightaway use the weapons at their disposal

astfel încât muncitorii germani să poată folosi imediat armele de care dispun

the social and political conditions that the Bourgeoisie must necessarily introduce along with its supremacy

condiţiile sociale şi politice pe care burghezia trebuie să le introducă în mod necesar împreună cu supremaţia sa

the fall of the reactionary classes in Germany is inevitable

căderea claselor reacţionare din Germania este inevitabilă

and then the fight against the Bourgeoisie itself may immediately begin

şi atunci lupta împotriva burgheziei însăşi ar putea începe imediat

The Communists turn their attention chiefly to Germany, because that country is on the eve of a Bourgeoisie revolution

Comuniştii îşi îndreaptă atenţia mai ales spre Germania, pentru că această ţară este în ajunul unei revoluţii burgheze

a revolution that is bound to be carried out under more advanced conditions of European civilisation

o revoluţie care trebuie să se desfăşoare în condiţii mai avansate ale civilizaţiei europene

and it is bound to be carried out with a much more developed proletariat

şi este obligat să se desfăşoare cu un proletariat mult mai dezvoltat

a proletariat more advanced than that of England was in the seventeenth, and of France in the eighteenth century

un proletariat mai avansat decât cel al Angliei era în secolul al XVII-lea, iar al Franţei în secolul al XVIII-lea

and because the Bourgeoisie revolution in Germany will be but the prelude to an immediately following proletarian revolution

şi pentru că revoluţia burgheză din Germania nu va fi decât preludiu la o revoluţie proletară imediat următoare

In short, the Communists everywhere support every revolutionary movement against the existing social and political order of things

Pe scurt, comuniştii de pretutindeni susţin orice mişcare revoluţionară împotriva ordinii sociale şi politice existente

In all these movements they bring to the front, as the leading question in each, the property question

În toate aceste mişcări ei aduc în prim-plan, ca întrebare principală în fiecare, problema proprietăţii

no matter what its degree of development is in that country at the time

indiferent de gradul său de dezvoltare în acea ţară la acea vreme

Finally, they labour everywhere for the union and agreement of the democratic parties of all countries

În cele din urmă, ei lucrează pretutindeni pentru uniunea şi acordul partidelor democratice din toate ţările

The Communists disdain to conceal their views and aims

Comuniştii dispreţuiesc să-şi ascundă opiniile şi scopurile

They openly declare that their ends can be attained only by the forcible overthrow of all existing social conditions

Ei declară deschis că scopurile lor pot fi atinse numai prin răsturnarea forţată a tuturor condiţiilor sociale existente

Let the ruling classes tremble at a Communistic revolution

Lăsaţi clasele conducătoare să tremure la o revoluţie comunistă

The proletarians have nothing to lose but their chains

Proletarii nu au nimic de pierdut în afară de lanţurile lor

They have a world to win

Au o lume de câştigat

WORKING MEN OF ALL COUNTRIES, UNITE!

MUNCITORI DIN TOATE ŢĂRILE, UNIŢI-VĂ!

www.ingramcontent.com/pod-product-compliance
Lightning Source LLC
Chambersburg PA
CBHW011741020426
42333CB00024B/2985

* 9 7 8 1 8 3 5 6 6 5 7 2 5 *